O Caminho Sagrado das
CARTAS CIGANAS

Nossa Jornada Interior

CARLA SINDHARA

O Caminho Sagrado das
CARTAS CIGANAS

Nossa Jornada Interior

© Publicado em 2019 pela Editora Isis.

Revisão de textos: Rosemarie Giudilli
Diagramação e capa: Décio Lopes

Dados de Catalogação da Publicação

Sindhara, Carla

O Caminho Sagrado das Cartas Ciganas/Carla Sindhara | 1ª edição | São Paulo, SP | Editora Isis, 2019.

ISBN: 978-85-8189-114-9

1. Tarô 2. Oráculo 3. Arte divinatória I. Título.

Proibida a reprodução total ou parcial desta obra, de qualquer forma ou por qualquer meio seja eletrônico ou mecânico, inclusive por meio de processos xerográficos, incluindo ainda o uso da internet sem a permissão expressa da Editora Isis, na pessoa de seu editor (Lei nº 9.610, de 19.02.1998).

Direitos exclusivos reservados para Editora Isis.

EDITORA ISIS LTDA
www.editoraisis.com.br
contato@editoraisis.com.br

Sumário

Agradecimentos 7
Prefácio 8
Meu Caminho Sagrado 9
Origem e Surgimento do Povo Cigano 11
História do Surgimento do Baralho Cigano no Brasil 16
A Alma do Baralho Cigano 18
A Lenda do Baralho Cigano 20
Interpretação dos Naipes 29
Interpretação das Cartas 31
As doze flores do Dr. Bach e o
Caminho Sagrado das Cartas Ciganas 105
Definição das Emoções de Cada Signo e suas Flores 109
O Poder dos Elementos e Elementais 128
A Magia das Cores 140
O Universo Sagrado dos Orixás 143
Os Chakras 147
Definição Xamânica dos Animais das Cartas Ciganas 155
Ervas e seus Encantos 157
Consagração do seu Baralho 162
Métodos de jogo 165
Epílogo 167
Biografia da autora 169
Referência Bibliográfica 171

Agradecimentos

Agradeço a Deus por ter sido apresentada a uma infinidade de fontes verdadeiras através dos meus guias e aliados espirituais, sem eles com certeza não chegaria a lugar algum. À minha Cigana Samira, que desde o primeiro contato me ensinou a respeitar seu povo e sua cultura.

À minha filha Lohana Kayala, que foi a inspiração para que eu decidisse a escrever, pois foi durante a gravidez que tudo começou.

Aos meus filhos herdados Camila Lima e Romário Lima que me ensinaram, sem saber, a superar os desafios da vida.

Ao meu amor, minha metade Carlos Augusto, que hoje é quem mais me dá forças para meu trabalho e me fortalece com suas palavras.

Aos amigos verdadeiros que estão presentes sempre no meu caminho e àqueles que passaram pela minha vida deixando muitas coisas boas, Ricardo Paiva irmão que a vida me deu.

À minha avó Conceição, que me apresentou a primeira oração e me ensinou a ter fé, minha mestra nessa Jornada.

À minha mãe que me gerou e me deu a vida, e um agradecimento eterno e saudoso à minha tia Rose, que me deu o primeiro baralho e que tanto me incentivou, e hoje com certeza me inspira de onde ela estiver.

Um agradecimento especial a Alex Guenther que fez a ilustração das cartas e que conseguiu captar minha ideia dando vida ao meu baralho.

Prefácio

Se você chegou até este livro, saiba que a frequência da autotransformação e autoconhecimento convida à mudança contínua.

Este livro contém várias manifestações arquetípicas de um povo andarilho. Propõe de maneira prática a autopercepção do comportamento, das motivações e das reações dos seres humanos.

Fruto da vivência da autora que desvela alguns dos segredos mais ocultos da invisibilidade social.

Sugere o resgate da beleza da alma: dons, talentos e, consequentemente, a recuperação do poder pessoal.

Carla Sindhara, a partir dos próprios passos e da beleza de sua alma, apresenta sua missão. Seu propósito é ajudar o maior número de pessoas a compreender sua origem e história. Que cada um possa perceber escolhas padrões e crenças com sabedoria e, a partir do reconhecimento de seu valor, fazer brilhar os tesouros internos. Lembre-se de que o ensinamento aqui contido tem por objetivo ser amplamente divulgado.

Você que chegou até aqui saiba que não é coincidência! Você faz parte da conexão oculta que este Livro/Oráculo contém. A isso chamo de sincronia.

Dizem que o Universo se movimenta com perguntas. Quando indagamos:

– Universo, o que mais é possível a partir de agora?

Ele rapidamente procura apresentar possibilidades...

Suhely Dos Duart

Meu Caminho Sagrado

Comecei minha ligação com esse povo maravilhoso quando, aos 14 anos, descobri minha mediunidade. Fui, então, apresentada a um caminho espiritual na Umbanda. Logo em seguida, tive a bênção de saber da existência de uma Cigana chamada Samira, que desde o primeiro momento me ensinou a diferenciar sua cultura e culto da religião que a partir de então seria meu caminho.

Anos depois de aprender algumas coisas sobre ela, descobri nossa afinidade, inclusive cármica. Comecei a estudar mais sobre o oráculo que me foi apresentado, com isso comecei minha jornada e descobri que através de uma consulta podemos auxiliar muito as pessoas a encontrarem um caminho, sem a pretensão de brincar de ser Deus e muito menos de ser determinante na escolha do destino de alguém.

Aprendi ao longo de mais de 20 anos com o Baralho Cigano e com o Tarô. Nós, consultores dos oráculos, temos a possibilidade de ver tendências de um momento do consulente, nunca uma verdade absoluta sobre o destino.

Por respeito a essa aliada que me acompanha, me guia e principalmente me ensina muito sem nada pedir, resolvi dar roupagem a esse trabalho que cabe o conteúdo da minha experiência com o Baralho Cigano.

Sou Parapsicóloga e terapeuta e, como tal, encontrei uma linguagem muito terapêutica e pouco usada neste oráculo.

O conteúdo deste livro tem por finalidade encontrarmos nas Cartas Ciganas mensagens que possam nos orientar, não nos aprisionar a uma única verdade.

Dei assim um valor a tudo que é naturalmente terapêutico e que pode ser acrescentado nesse trabalho. As cores, os aromas, as ervas, florais (dentre outros) são muito do conteúdo do livro.

O Caminho Sagrado das Cartas Ciganas

Somos guiados por nossa força interna e é ela que desde o primeiro momento nos diz o que é certo ou errado. Espero contribuir auxiliando com meu trabalho no ensino e acréscimos do conhecimento a essas cartas que normalmente têm muito mais a nos ensinar do que parece.

Carla Sindhara

Origem e Surgimento do Povo Cigano

Sua origem e sua existência são cercadas de mistérios, assim também esse povo tão rico de vivência e magia.

Difícil não se emocionar ao ouvir um canto nas músicas com violinos e apresentações Flamencas, que nos reportam ao canto de uma saudade, ao lamento da dor das lembranças.

A fogueira iluminando a noite de luar, sagrada e especial com todo seu poder.

Esse povo é muito forte em sua natureza e vida, cheio de intensidade em sua forma de se expressar: seja cantando, dançando ou utilizando suas artes divinatórias.

A dança para os ciganos é um tributo à vida, uma forma de representar suas alegrias e tristezas ao longo de sua existência.

Muitos se chocam com a ideia do estigma de que "todo cigano é ladrão", seja de objetos ou de crianças. Vivem até hoje carregando um preconceito que acabou abafando a história cultural para os próprios ciganos. Muitos temem se revelar, por medo da rejeição.

Existe outro lado, que é o da rejeição contrária, do preconceito ao "gadjo" (não cigano), por razões óbvias e compreensivas. Eles tiveram de se fechar para não sofrer mais com a invasão e a perda da tradição de sua cultura. Muitos foram mortos no holocausto. Apesar de trazerem o colorido e a alegria, sua história também reproduz momentos de dor e preconceito dos que torturaram e fizeram deles um povo estigmatizado.

Chegada dos Ciganos ao Brasil

Segundo a escritora e Cigana Sybila Rudana em seu livro "Segredo das Cartas Ciganas" o surgimento dos Ciganos no Brasil se deu quando Pedro Álvares Cabral aportou em terras brasileiras. Trazia entre os tripulantes ciganos "europeus", conhecidos por Indianos. Estes primeiros ciganos Calé, de origem portuguesa e espanhola, vinham como degredados para a então terra de além-mar da coroa portuguesa.

Em solo brasileiro, os Calé se espalharam e, como em sua grande maioria eram homens separados de seu povo, eles se relacionaram com as indígenas encontradas aqui.

Após a descoberta das terras brasileiras, pertencentes à coroa portuguesa, outros ciganos por aqui aportaram, vivendo longe de seus desafetos. Afinal, os Calé ou ciganos eram conhecidos como gente ruim, sem credos, sem cultura, sem raízes, sem história e sem passado, o que não correspondia à realidade. Infelizmente, ainda sofrem preconceito em muitos países, onde são reconhecidos como cidadãos, pois viviam segundo suas tradições e costumes, bem diferentes daqueles que regiam os países por onde armavam seus acampamentos e paravam suas carroças.

Os Calé continuaram a chegar ao Brasil ainda no século XVI. Aqui, também serviram a coroa na função de ourives, domadores de cavalos, ferreiros, desbravadores de caminhos no movimento das Entradas e Bandeiras, bailarinos, músicos da corte e até capitães do mato. As mulheres, embora proibidas, mantinham as tradições dos oráculos das cartas, das mãos, da borra de café, da bola cristal, a fim de decifrar as mensagens do destino das Senhoras da Corte e de tantas outras que as procuravam.

Quando foi autorizada a difundir as cartas que recebera dos ciganos, Mlle. Lenormand recebeu a instrução de substituir os símbolos Ciganos pelos símbolos dos Gadjés (não ciganos), apenas para lhes facilitar a interpretação e a identificação dos mesmos. Mlle. Lenormand, uma ocultista legítima, inseriu o que chamamos de segredos da interpretação, que são as cartas dos Naipes de Copas, Ouros, Espadas, Paus.

Essas Cartas jamais foram consideradas na leitura que se faz no Brasil, pois não se conhecia a técnica e muito menos seus verdadeiros significados.

É importante resgatar esse aprendizado, pois torna a leitura das cartas ciganas mais completa.

Santa Sara Kali – A Padroeira dos Ciganos

Como estamos diante de um dos oráculos que representa a cultura cigana, temos de respeitar sua história e tradição a começar pela origem de seu povo e seguir com suas fontes espirituais.

Santa Sara é a protetora dessa linda tradição, pois sabemos que os Ciganos muitas vezes se adaptam à cultura religiosa do país para onde migraram, sendo assim, Santa Sara é uma referência sagrada para o povo Cigano.

Pelos anos de 44 e 45 de nossa Era, Herodes Agrippa perseguiu e condenou à morte um grupo de amigos de Jesus. Em cumprimento à sentença, o grupo de cristãos foi levado ao mar da Palestina, colocado em uma barca; sem remo, sem comida e sem água.

Esta frágil embarcação, vinda da terra santa, chegou milagrosamente ao sul da atual França, exatamente no campo romano "L'oppidum Râ". Na barca, estavam Maria Salomé, mãe de Thiago (apóstolo), Maria Jacobé (prima da Virgem Maria e mãe de João, Lázaro e suas irmãs: Marta e Maria Madalena), Maximino, Sidônio (o cego) de Jericó e a virgem Sara Kali, a escrava negra de Maria Salomé e Maria Jacobé.

A tradição conta que a serva se uniu aos cristãos espontaneamente, pois ela não havia sido condenada, embora ela tivesse se tornado uma cristã. Quando a barca atravessou o mar, Sara suplicou que a levassem. Um milagre a fez chegar até o barco sobre o manto que Maria Salomé teria atirado sobre as águas para auxiliá-la. Desse modo, Sara teria alcançado a barca.

Outra vertente da história narra que Sara teria sido uma Abadessa Egípcia, moradora de Camargue, que se apiedou dos santos ajudando-os a construir o primeiro oratório da região.

Em outra versão, Santa Sara era uma sacerdotisa (Druída).

A quantidade de versões se dá pelos números de colônias das antigas civilizações fenícia, grega, celta, egípcia, que até hoje existem em Camargue. Assim, Poetas e Escritores passaram adiante a história de seu povo envolvendo Santa Sara Kali, a protetora dos Ciganos.

A celebração de seu dia se dá em 24 de maio. Ciganos de toda parte do mundo se reúnem em Saintes-Marie-de-La-Mer (Cidade da França) às margens do Mediterrâneo, para homenagear sua Rainha e Protetora.

Santa Sara é levada pelas ruas da cidade, coberta por mantos de diversas cores ao som das músicas ciganas e violinos. Sua verdadeira forma é a coberta por mantos. Suas mãos livres simbolizam que ela está disposta a nos amparar sempre que precisarmos. Seu manto azul é comparado à cor do mar.

Geralmente, são oferecidos mantos à Santa Sara como parte de um culto de agradecimentos a uma graça alcançada.

Alguns exemplos de agradecimentos e cores dos mantos são:

- **Branco:** Paz de espírito, casamento, agradecimentos
- **Azul**: Proteção, poder intuitivo, filhos e espiritualidade
- **Rosa**: Amor, compaixão, maternidade
- **Verde**: Saúde, vitalidade, bens adquiridos, agradecimentos

- **Lilás**: Carinho, amor correspondido
- **Púrpura**: Prestígios e vantagens profissionais
- **Amarelo ou Dourado**: Louvores, agradecimentos por vitórias
- **Prateado**: Para adquirir benefícios através de anjos e santos

Fonte: ("Virgem Sara de todos os Ciganos"
– Sibyla Rudana – Ed. Pallas)

Oração à Santa Sara

"Santa Sara, pelas forças das águas.
Santa Sara, com seus mistérios,
possa estar sempre ao seu lado pela força da natureza.

Nós filhos dos ventos, das estrelas e da lua cheia,
pedimos à senhora que estejas sempre ao nosso lado.

Pela figa, pela estrela de cinco pontas, pelos cristais
que hão de brilhar sempre em nossas vidas,
e que os inimigos nunca enxerguem,
como a noite escura, sem estrelas e sem luar.

A Tsara é o descanso do dia a dia, a Tsara é nossa tenda.
Santa Sara me abençoe, Santa Sara me acompanhe,
Santa Sara ilumine minha Tsara,
para que todos que batam à minha porta
eu tenha sempre uma palavra de amor e de carinho.

Santa Sara que nunca seja uma pessoa orgulhosa,
que eu seja sempre a mesma PESSOA HUMILDE."

História do Surgimento do Baralho Cigano no Brasil

Conhecemos uma das versões mais famosas que é a de Mademoiselle Lenormand, francesa, nascida na cidade de Alençon em 1772. Com o nome Anne Marie Adelaid Lenormand seria a pioneira no processo e criação do Baralho Cigano. Cartomante francesa que também exercia, além de outras artes, a quiromancia.

Segundo alguns estudiosos, Lenormand adquiriu conhecimento com os Ciganos sobre cartomancia e acabou criando figuras que pudessem ser interpretadas por nós "Gajôs".

Em outras versões, Lenormand nunca teve acesso aos Ciganos e criou seu Baralho baseado em seu conhecimento e pesquisa. Tornou-se famosa por ter uma precisão muito grande em suas previsões e ter por consulentes pessoas influentes de sua época como: Josefina de Beauharnais, esposa de Napoleão Bonaparte. Ela teria previsto a ascensão e queda do imperador Napoleão, os segredos da imperatriz Josefina e o destino de muitos notáveis: Robespierre e o próprio Imperador Napoleão Bonaparte.

Mademoiselle Lenormand tinha conhecimento em astrologia, numerologia, geomancia e Quiromancia, além da cartomancia. Perdeu seu pai quando tinha apenas um ano de idade e sua mãe, aos 5 anos. Foi enviada a um convento onde se deu o início de suas clarividências.

Residiu em Paris, no período que se seguiu à Revolução Francesa e nessa cidade consolidou sua fama de cartomante. Em 1807, Mlle. Lenormand leu as mãos de Napoleão e descobriu sua intenção de se divorciar de Josefina. Para afastá-la, ele a mandou à prisão em 11 de dezembro de 1809, onde Lenormand permaneceu durante doze dias, enquanto ele providenciava o divórcio. Esse fato foi o verdadeiro lançamento de sua carreira. Ativa e desembaraçada, Revolucionou a cartomancia. Escreveu cerca de trinta livros que se tornaram inéditos até hoje; as informações a seu respeito são ainda um mistério.

Em 25 de junho de 1843, aos 74 anos de idade, veio a falecer e foi enterrada em Paris, no cemitério Père Lachaise. De acordo com alguns críticos, seu maior dom era a habilidade de acumular riquezas. De fato, após sua morte, foi descoberta grande soma em dinheiro.

Em nome de Mademoiselle Lenormand, O baralho *"A Sibila"* foi mais tarde redesenhado pelo célebre ilustrador Grandville, Gérard Jean Ignace Isidore, e publicado com o mesmo título. Foi impresso outro jogo com 36 cartas, por volta de 1840, a cargo da casa impressora. Foi reproduzido com a designação de *"Baralho Cigano"*. O Baralho de Lenormand mais antigo com o nome de Mlle. Lenormand é o *"La Sybille des Salons"*. Foi inicialmente publicado em 1828 e compreendia o mesmo número de cartas do baralho comum: 52 cartas, cada uma delas mostrando um personagem.

A Vida de Anne Marie Adelaid Lenormand continua sendo um mistério até hoje, mas seu legado nos proporciona aprender através de símbolos que estão no nosso cotidiano, desenhados nas cartas do Baralho Cigano, permitindo-nos observar nosso destino com mais cautela.

Sou profundamente grata a essa francesa polêmica e seus mistérios, por ter deixado um legado que nos ajuda tanto.

A Alma do Baralho Cigano

(Cartas Ciganas)

Minha interpretação por anos de experiência ensinou-me a respeitar a essência desse oráculo desde cedo. Nunca consegui entender por que uma simbologia tão rica era tratada com tanto desprezo e por muitos observado com preconceito. Como sou terapeuta resolvi aliar a força do Baralho Cigano a algumas técnicas da Terapia Alternativa, com a finalidade de fazer deste trabalho uma jornada individual de busca e autoconhecimento, utilizando as lâminas do Baralho Cigano como aliado nesta busca. Ao contrário do que se pensa, esse poderoso oráculo pode auxiliar através de suas mensagens sem ter a pretensão de somente determinar os acontecimentos futuros.

Todos os consultores e sacerdotes têm por finalidade usar seus instrumentos não apenas para adivinhar o futuro (até porque esse a Deus pertence), mas sim nos ajudar a ver as possibilidades que podem ser modificadas no nosso momento.

Um jogo aberto é o quebra-cabeça do presente, não podemos confundir vidência com leitura e interpretação de um oráculo. Não temos permissão de alterar e muito menos interferir no destino de alguém. Sendo assim, descobri um lado terapêutico muito interessante nas Cartas Ciganas, que podem nos aproximar de um sagrado que nos acrescenta muito em nossa jornada. Somos seres em evolução e buscamos crescimento.

Esse trabalho tem por finalidade o incentivo do autoconhecimento muito mais do que o aprendizado do manuseio e interpretação das cartas. A partir do momento que usamos esse conhecimento e entendemos nosso caminho, podemos então auxiliar no caminho do próximo.

A alma das Cartas Ciganas existe dentro de cada um que se interessa por esse oráculo maravilhoso, porém não podemos e não devemos apresentá-la externamente se internamente não entendermos sua real mensagem. Vou tentar passar para vocês neste trabalho a união da interpretação das Cartas e seu universo terapêutico.

A Lenda do Baralho Cigano

Aos 15 anos, como mencionado, fui apresentada à minha Cigana. Ela se apresentou usando um tipo de mediunidade que anos depois eu descobri se tratar de PSICOFONIA. Ela me passou muito de sua história e conhecimentos de Baralho Cigano. Demorei muito para contar para as pessoas que eu ouvia uma menina falar ao meu ouvido, pois tinha medo de ser vista como louca. Somente com o passar dos anos eu fui me acostumando e acabei dando espaço para ouvir com mais atenção suas mensagens por causa desse tipo de mediunidade e das muitas outras provas espirituais que vivenciei quando comecei minha jornada espiritual.

Durante todo esse tempo venho estudando e me aperfeiçoando no conhecimento fornecido por ela. Minha abordagem é muito terapêutica, pois encontrei no Baralho Cigano um grande aliado para desvendar os mistérios da alma, muitas vezes perdidas.

Criei, então, a LENDA DO BARALHO CIGANO que é uma história fictícia para facilitar o entendimento de meus alunos e agora dos leitores.

E começa assim...

"Em uma cidade distante, um homem inicia a jornada de sua vida. Ele é um mensageiro, quer aprender com a vida, para ensinar a outros sua lição. Montado em seu cavalo, deixa para traz seu passado para ir em busca das concretizações futuras. É um iniciado e apresenta em sua personalidade a marca forte do domínio, da sexualidade e do poder.

Na primeira fase de sua viagem vai por uma trilha onde algumas árvores foram cortadas e seus troncos atrapalham o caminho.

O desgosto e o desânimo logo tomam conta de seu rosto ao ver o primeiro obstáculo de sua viagem, porém, ao observar bem o horizonte que lhe espera, percebe que as dificuldades representadas pelos troncos são pequenas. Ele para e reflete. Percebe o melhor caminho para ultrapassar as barreiras e continuar sua jornada.

Dias depois ele não acredita no que vê; um mar imenso que lhe transmite a sensação de renovação e mudanças que podem surgir a partir de seu movimento. As lembranças de seu passado vêm como fonte de inspiração para sua vida de andarilho. A saudade e a inconstância emocional lhe pegam de surpresa, trazendo as possibilidades de uma mudança radical em seu caminho. Ele amarra seu cavalo e pega o navio que o leva para uma pequena cidade onde as casas são construídas por seus próprios moradores. Ele encontra um homem que está construindo sua casa e lhe pergunta:

– O que preciso para construir a minha? – Então, o homem o responde:

– Uma boa casa deve ter bases sólidas, e sua estrutura deve ser montada em cima de terra firme. O conhecimento e a Organização são essenciais.

O mensageiro começa, então, a construir sua casa, baseado nos conselhos do homem.

Depois de pronta a casa o mensageiro se sente sozinho, pois a casa lhe traz lembranças de construção de família. Ele pensa que ao plantar uma árvore não se sentirá tão só.

A raiz dessa árvore vai simbolizar a base de tudo que quer realizar; seu tronco representará o começo dessas realizações. Seu corpo, galhos e folhas simbolizarão seus sonhos e pensamentos; sempre em movimento.

De repente algumas nuvens começam a se formar no céu, dando a impressão de aproximação de tempestade nesse momento. Os ventos trazem o cheiro de chuva que podem anunciar problemas, mas talvez, por serem nuvens trazidas pelo vento, podem ser um sinal de tempestade passageira. É o momento do mensageiro se recolher em sua casa e esperar a tempestade passar.

Uma mulher morena sedutora se apresenta ao mensageiro, ela traz um ar sedutor, porém traiçoeiro. O mensageiro se sente atraído, mas não se deixa levar pela tentação da linda morena. Os dias passam e o mensageiro se descobre apaixonado pela linda mulher, mas ainda relutante ele pede ajuda aos céus para que lhe mostre quem é essa deusa que lhe enfeitiça os olhos.

Faz, então, um de seus rituais de proteção, e quando a mulher se aproxima o homem pede para que ela o deixe ver sua alma; nesse momento uma imensa cobra se apresenta, mostrando a essência traiçoeira dessa mulher no mesmo instante. O mensageiro morre dentro de si, com suas ilusões e sonhos e por isso se tranca em seu mundo sofrendo a dor de amar uma mulher encantada.

Alguns dias após e ele resolve finalmente sair do isolamento e se dirige ao seu quintal, onde se surpreende com o que vê: flores que nasceram no local onde foi feito o ritual, onde suas esperanças morreram como uma semente de felicidade.

O mensageiro, então, caminha até o centro da cidade, pois foi informado de que por lá há um velho que opera curas e magia. Ele encontra o lugar, uma casinha humilde com uma fila na porta, e ele espera a sua vez para falar com o velho.

Quando entra na casa se surpreende, o velho lhe recebe com muito amor e se apresenta como "Tempo". Diz-lhe que o esperava e que tem um presente para lhe dar. Tira do seu armário uma foice. O mensageiro sem entender pergunta:
– Senhor Tempo, o que vou fazer com essa foice?

O velho tempo com sua paciência responde:
– A foice vai servir para você cortar tudo que não é mais necessário em sua vida. Vá ao seu jardim, revire a terra com esse objeto e verá como as plantas crescerão com mais força. Isso significa, meu filho, que de tempo em tempo devemos transformar tudo que não serve mais em nossa vida.

Em outro encontro com o velho sábio, o mensageiro recebe mais um presente das mãos do Tempo: uma corda de couro transformada em um chicote. O mesmo sem entender lhe pergunta:
– O que devo fazer com esse chicote?

O velho sábio responde:
– Meu filho, estou lhe passando o conhecimento da magia através desse símbolo. A partir do autocontrole, podemos conquistar nossos objetivos. O chicote, embora seja um objeto que remete à dor, ao castigo e ao poder, também pode ser usado como um grande autodisciplinador, a partir do momento que você usa sua essência, não o seu poder. Aproveite e faça do seu caminho uma trajetória de força e controle de sua magia pessoal. A forma artesanal de se criar um chicote representa a arte oculta de cada ser.

Ao sair da casa, o mensageiro olha para o céu e vê dois pássaros voando. Observa como eles namoram e como são felizes com sua liberdade. Ir e vir sem dar satisfação a ninguém.

Também encontra uma criança no caminho de volta, ela sorri tão espontaneamente, transmitindo a ele a alegria de estar vivo. Percebe um sentimento de pureza e beleza saindo dos olhos da criança.

Como o caminho até sua casa é um pouco longo, ele muda de trilha para chegar um pouco mais rápido.

Já está anoitecendo.

Na caminhada, depara-se com uma raposa que ronda o seu caminho e o observa, exibindo olhar malicioso que o acompanha até a saída da floresta.

A noite cai, e o homem resolve ficar em uma gruta. Adormece e sonha com seu melhor amigo beijando-lhe o rosto, mas acorda e se assusta com um grande urso olhando-o. Sensação de decepção aperta seu coração. Ele pensa em aguardar o amanhecer para se desviar do animal e ir embora, porém, ele fica preso na gruta mais tempo que o planejado. O urso somente desvia o olhar do mensageiro ao adormecer.

Anoitece novamente, apenas o brilho das estrelas ilumina a estrada.

Ele se guia por uma das estrelas que traz a lembrança de seu passado e de sua missão. Ela simboliza para ele a luz divina que tudo vê. São a Onipotência e a Onipresença do Pai. Ele se guia por essa estrela, acreditando em sua sorte.

Ao chegar em casa, descansa um pouco, senta-se em seu jardim para admirar o céu.

O sol brilha iluminando o riacho e tornando o verde mais verde. Nesse momento um pássaro pousa no galho de sua árvore, até que ele avista uma cegonha. Ele tem a nítida sensação de que é hora de ousar e renovar, buscar novos conhecimentos, novas experiências. Ele resolve plantar novas sementes.

Até que em certo momento, vê um cachorro entrando em seu quintal. O cachorro o observa como se quisesse lhe fazer companhia. Ele se aproxima do cão, meio desconfiado, pois não sabe se está defronte de um amigo ou não. Porém, logo percebe a amizade no olhar do animal que se torna seu grande aliado.

O mensageiro leva o cão para passear em um lugar mais distante até que avista um castelo, portando imensa torre, abandonado. Entra no castelo e sente forte energia de solidão. Ao chegar à janela da torre, se vê tão próximo ao céu, que por um momento sente-se vizinho dos anjos. Lembra que além de ser um homem tem dentro de si uma alma imortal que assim como a terra é resguardada e grande, fazendo dele um ser sagrado. Então, ele reflete sobre seu espírito que é imortal...

Ao olhar para frente, vê um belo jardim e percebe que não se colhe absolutamente nada se não plantar.

Nas leis da vida tudo que fazemos reflete no que iremos conquistar.

Um jardim com folhas secas simboliza o abandono, com folhas verdes simboliza a colheita e retorno do amor à natureza.

Esse lugar é rodeado por montanhas, e ele observa como são rígidas as estruturas delas. De repente o reflexo do sol em uma das montanhas fez um símbolo de balança e ele pensa que aquelas montanhas poderiam simbolizar os limites colocados por Deus, representados pela própria natureza. Por sua vez, ele resolve voltar pela estrada longa que o levará até sua casa. No caminho, ele faz uma reflexão acerca de tudo que já foi vivido até aquele momento. Pensa no destino e no resto de sua vida, sem saber o que lhe aguarda até o final dela. O caminho é longo, seu destino incerto, porém, o caminho lhe traz a sensação de liberdade e de abertura plena para suas conquistas.

Chega em casa e, cansado, ele resolve dormir. Sonha com fatos passados de sua vida, porém, um vizinho interrompe o seu sono para lhe falar de problemas pessoais. Diz que está sofrendo danos materiais e acredita estar sendo roubado. O mensageiro percebe a fragilidade do amigo, mas se cala, e quando esse vai embora, ele se sente consumido, então, volta a dormir a fim de recuperar a energia perdida.

Ao acordar, sente-se feliz, pois seu coração tinha doado com amor um pouco de seu tempo em benefício de alguém. Ele sente um amor tão forte que parece que seu peito vai abrir: 'Todo o sentimento de meu pai reside dentro de mim e pode ser expresso com amor a uma linda mulher, com misericórdia e perdão aos meus inimigos ou simplesmente com muita sensibilidade.'

Após ter descoberto o verdadeiro sentido do ser – o amor, ele pensa em se unir a alguém, casar, ter um compromisso sério. Quer conhecer pessoas. Dá muitas voltas, mas resolve parar e se dedicar mais aos seus estudos buscando seu complemento perfeito, usando sua mente para tentar descobrir e entender todos os mistérios da vida. Lembra-se de toda a sua história, de tudo que já lhe foi dito. A partir daí, resolve passar para o mundo toda a sua experiência de vida; escreve carta para as pessoas amigas fazendo convites para que elas o encontre em sua casa; utiliza-se de todo o seu poder de comunicação para confortar e orientar as pessoas. Quando chega ao monte, vê várias pessoas olhando e esperando uma palavra. De repente, um casal lhe chama atenção, eles brigam e parecem estar nervosos; ele então se aproxima e pergunta:

– Por que vocês estão brigando?

– Esta mulher me perturba, me prende, não me deixa viver minha vida. Tem ciúme doentio de mim e não percebe o quanto eu a amo e o quanto sou feliz a seu lado. Desgasta a relação com uma sensibilidade tola e exagerada.

Em seguida, o mensageiro também escuta o desabafo da mulher, que dentre muitas queixas diz que o marido é frio, indiferente e calculista. Calmamente, o mensageiro segura a mão dos dois e diz:

– Deus criou o sol para iluminar, aquecer a lua, criou o dia para acompanhar a solitária noite e criou o homem para proteger, amar e compartilhar com a mulher. Seus princípios são diferentes. Você – disse ao homem – joga a semente, produz, consolida e concretiza. Já você – disse para a mulher – recebe a semente que foi jogada, cuida, protege e cria. Aprendam a viver com suas diferenças, pois o amor deve se estender aos defeitos. Amem sem cobrar perfeição, pois ela não existe, é apenas o objetivo de todo o ser.

Após o episódio, o mensageiro volta para o alto do monte e continua a falar de suas experiências, passando sua sabedoria: fala sobre a necessidade de amor e harmonia no planeta, mostra que enquanto não houver respeito e amor incondicional, não haverá paz no mundo, pois ela é conquistada através da realização da alma. As concretizações da matéria são passageiras, enquanto a paz de espírito é eterna. Pede para as pessoas não terem vergonha de serem dóceis, amáveis e gentis. Novo dia nasce e com ele nascem as expectativas, a fé, novas esperanças e o crescimento de suas expectativas e sonhos. Vem a noite e a lua aparece, simbolizando com o mistério da vida o lado mais sensível e feminino pintado no céu.

Neste momento o mensageiro observa a lua, conversa com Deus, tem a sensação de estar se despedindo de sua casa, olha para o alto e percebe a grande pintura lunar que sempre foi sua companheira. Reconhece com grande gratidão e amor tudo que a vida lhe deu como uma grande viagem proporcionada por seu pai. Sua intuição e sensibilidade sempre foram o meio de comunicação mais usado pelo espiritual. Fecha, então, a porta de sua casa e abre novamente a estrada da vida em busca de soluções para suas dúvidas. Continua sua caminhada falando a todos que encontra e que solicitam conselhos sobre os mistérios da vida.

"Vende sua casa e tudo que nela há. Doa todo o dinheiro que lhe foi dado a uma família pobre e se desprende de qualquer vínculo material, firmando-se mais ainda em seus propósitos, criando muito mais segurança em sua vida. Seus objetivos se tornam cada vez mais fortes em cima de sua missão. "

No fim de sua viagem de busca, o mensageiro volta para os braços de seu pai todo poderoso com a certeza da missão cumprida. Traz no peito a marca da vitória deixando a mensagem da humildade, do amor e principalmente da fé.

Foi o maior homem do mundo, morreu de braços abertos, mostrando-nos que nunca devemos cruzá-los diante de um problema, pois a vida é curta e cheia de missões a serem vividas."

Essa história foi criada por mim, com a intenção de facilitar a leitura e fazer com que os leitores entendam que um baralho aberto é um quebra-cabeça, com várias fases de nossa vida e com mensagens que vêm a esclarecer um pouco de nossa missão na Terra.

Carla Sindhara Mayō Íhe

Interpretação dos Naipes

Como podemos perceber, cada lâmina do Baralho Cigano tem a representação de um Naipe. Não irei me aprofundar, darei apenas a interpretação básica para que vocês saibam o que cada lâmina que carrega seu naipe representa. Vamos conhecer um pouco sobre esses naipes.

- **COPAS:** Ligado ao Elemento Água, abrange assuntos ligados às emoções, à vida afetiva, ao "estar". É a sensibilidade, os amores, os prazeres, os sentimentos profundos, os sonhos, as fantasias, os dons artísticos e psíquicos.

- **PAUS:** Ligado ao Elemento Fogo. Abrange assuntos ligados à criatividade e à imaginação. Associa-se à espiritualidade, à vontade, ao desejo, à motivação, à energia, ao desenvolvimento, à inspiração, ao crescimento.

- **OUROS:** Ligado ao Elemento Terra, tem relação com questões ligadas a dinheiro, e a bens materiais. Tudo o que é tangível e adquirido, como concretização material e inteligência prática.

- **ESPADAS:** Ligado ao Elemento Ar. Está ligado aos assuntos da mente. É o campo das ideias, da forma de pensar, do raciocínio, teórico, filosófico e intelectual. Ligado à maturidade e ao equilíbrio que propiciam os canais para energias de renovação. É a luta e a busca pela verdade.

Interpretação das Cartas

A Cruz

A Chave

O Cigano

O Mensageiro

Palavra-Chave: Concretizações

Simbologia: Um homem em cima de um cavalo pode nos inspirar a muitos pensamentos; o rumo que esse homem vai dar a partir do direcionamento que der às rédeas deste cavalo. Como definir melhor um caminho, será que consigo realizar minhas metas? Ele é meio imponente com ar de selvagem e livre. Esse é o Mensageiro que tem como interpretação para essa lâmina as palavras coragem, determinação, domínio, sensualidade, ambições. Materializações de sonhos antigos, notícias chegando, tem como tom, por ser a primeira lâmina, a resolução de situações antigas, representa nosso livre-arbítrio, nos lembra de que somos nós quem conduzimos as rédeas de nossa vida.

Aspecto Positivo: Força, sexualidade, dinamismo, vontade, energia, impulso, poder, boa visão para algo ser definido, dinheiro, sucesso, facilidade para concretizações. Determinação para realizar seus sonhos ainda que os tenha sozinho. Carisma e boa comunicação.

Aspecto Negativo: Ambição, sexualidade exacerbada, poder de manipulação e persuasão, materialismo, falta de direção, projetos que ficam apenas nos sonhos.

Personalidade: Pessoa com grande magnetismo e muito carisma, considerada pelos outros "Sortuda". Tem sede de vitória, almeja grandes conquistas, é um ser revolucionário. Teimoso e ansioso, muitas vezes, toma suas atitudes sem ouvir ninguém, exatamente para não se deixar influenciar. Muito criativo e inovador, seu magnetismo vai além da conquista física, está na expansão de sua energia que é naturalmente livre. Caso não se abra para evoluir pode tornar-se altamente materialista e compulsivo. Aventureiro, tende a ter muitos amores.

Mensagem da lâmina: A conquista depende de nossa força e disposição. Seja qual for a área, a mensagem inspira realização de algo que já está a caminho.

- **Qualidade:** Elegância, carisma
- **Defeito:** Materialismo, ansiedade
- **Verbo:** Eu concretizo!
- **Saúde:** Doenças sexualmente transmissíveis
- **Chackra:** Básico
- **Energia:** Exú
- **Elementos:** Fogo e Terra
- **Signos:** Áries e Touro

Os Paus

Palavra-Chave: Obstáculos

Simbologia: A ideia de dois troncos de árvore atravessados no meio do caminho nos reporta para o pensamento de obstáculos. E vem aquele desânimo natural e a pergunta: Será que consigo passar por cima? Os troncos nos impedem de seguir adiante, nos fazem parar...

E assim é que essa lâmina nos passa sua interpretação, esse momento em que questionamos se conseguiremos ou não. A superação de algo através da reflexão e da avaliação é o momento em que paramos para refletir: por que os troncos são apenas obstáculos que estão nos impedindo momentaneamente.

A finalidade é retardar um planejamento, a conquista de um objetivo, o que não significa que ele não será conquistado. Os troncos também podem simbolizar um alerta sobre algo que está acontecendo com o intuito de atrapalhar nosso caminho. Também podem simbolizar obstáculos colocados por terceiros com a intenção de nos atrapalhar. Como sabemos, nem sempre é natural um obstáculo colocado em um caminho, pode ser proposital.

Aspecto Positivo: Momento de parar e observar as escolhas, refletir, analisar as experiências vividas com mais cautela, momento de recuar diante de uma situação. Saber dizer "Não". Saber que nem toda dificuldade é sinônimo de fracasso, muitas vezes a parada no momento certo nos impede de tomarmos atitudes erradas em momentos inoportunos.

Aspecto Negativo: Desânimo, medo, recuo por desânimo e falta de forças, pessimismo, desistência, permitir derrotar-se diante de dificuldades, subjugar-se.

Personalidade: Sua característica principal é o pessimismo, pode já ter enfrentado muitas dificuldades na vida. Tem muita dificuldade em dizer "Não". Tem dúvidas sobre sua própria sorte, de saúde e vontades frágeis. Tem tendência a ter declínios na vida. Torna-se vítima de si mesmo e gera um ciclo vicioso. Caracteriza-se pela ociosidade, por não ter forças para superar os desafios.

Mensagem: É um momento de parada para refletir com clareza e dar novo rumo a uma situação mudando a vida e os objetivos. Buscar soluções para dificuldades diferenciadas seja qual for a área.

- **Qualidade:** Reflexão
- **Defeito:** Pessimismo, Medo
- **Verbo:** Eu Limito!
- **Saúde:** Depressão
- **Chakra:** Umbilical
- **Elemento:** Água
- **Signo:** Peixes

O Navio

Palavra-Chave: Mudanças

Simbologia: Um lindo navio navega sob as águas do mar mostrando-nos a vontade de mudar... É o próprio movimento das emoções que sofre processos de mudança; são as revoluções de vida e de sentimento. Assim como as ondas do mar se movimentam de forma instável, o navio representa as mudanças inesperadas.

O mar tem como seu espelho a fartura e a abundância, mas também os mistérios e as reviravoltas. Esta carta representa mudanças positivas tanto no plano material, quanto no plano espiritual e afetivo. Correções de rumo na vida, dinheiro inesperado surgindo, herança, viagem, fartura, mudança de casa ou algum outro aspecto da vida são as viradas que podem mudar de forma inesperada e positiva o nosso caminho.

Aspecto Positivo: Situações favoráveis acontecendo, mudança que obedecem ao percurso natural do destino, fluir com a vida e com as emoções.

Aspecto Negativo: Instabilidade, dificuldade de se fixar, tendência em mudar, com frequência, de opinião e objetivo.

Personalidade: Sua característica principal é a comunicação, ou seja, adora falar! Apesar de ser ótima pessoa, tem humor instável e se irrita com facilidade. Adora conforto e carinho, tem o lado maternal aflorado. Magoa-se com facilidade, justamente por ser regida pelas emoções. Caso não tenha controle poderá se tornar uma pessoa compulsiva. Tendência à fofoca, pois gosta de ouvir e falar da vida alheia.

Mensagem: As mudanças sempre são acompanhadas de escolhas. As maiores revoluções acontecem quando menos esperamos e quando respeitamos a lei natural das coisas.

- **Qualidade:** Proteção
- **Defeito:** Inconstância
- **Verbo:** Eu mudo!
- **Saúde:** Boa, Fertilidade, Retenção de líquido
- **Chakra:** Umbilical
- **Energia:** Iemanjá
- **Elementos:** Água e ar
- **Signos:** Aquário, Gêmeos e Câncer

A Casa

Palavra-Chave: Equilíbrio

Simbologia: Uma linda casa, em cima de um belo jardim. É a casa dos nossos sonhos! Construída em um local tranquilo de paz.

Essa casa simboliza nossa casa interior, nosso templo. É a nossa morada, cuja porta somente abrimos para quem realmente queremos. Esta carta mostra-nos a necessidade de estruturação de nossas bases de forma sólida, dentro de nós mesmos, a fim de conquistarmos nossas metas. Fala também como somos com a família, amigos e pessoas próximas. É a carta de nosso equilíbrio interior. A carta fala de nossa casa física, de nossa família e nosso lar. É o sonho de construir uma família. A carta ainda faz referência a pessoas próximas, como vizinhos ou parentes.

Aspecto Positivo: Equilíbrio, persistência, visão e preocupação com o coletivo. Pés no chão e responsabilidade.

Aspecto Negativo: Teimosia, viver demasiamente em prol da família, desorganização, dificuldade em criar bases sólidas.

Personalidade: Pessoa com grande sonho em construir uma família, dedicada à casa e a seus familiares; sua característica principal é o equilíbrio. Sofre muito com os problemas dos outros principalmente com os mais próximos.

Mensagem: Nossa maior conquista está em entendermos que tudo vem de dentro para fora, nosso templo interno deve estar sempre em harmonia para que no mundo externo as coisas possam fluir.

- **Qualidade:** Organização
- **Defeito:** Excesso de responsabilidade
- **Verbo:** Eu me Equilibro!
- **Saúde:** Coluna, Ossos, Estrutura do corpo
- **Chakra:** Básico
- **Elemento:** Terra
- **Signos:** Touro, Virgem, Capricórnio

A Árvore

Palavra-Chave: Troca

Simbologia: Uma árvore frondosa e de bases firmes, plantada em local destacado. Essa é a visão da carta número cinco. A árvore de aspecto solitário fala da necessidade que todo ser humano tem de compartilhar, dividir, comunicar e expandir sentimento e visões. Mostra-nos que cada árvore tem apenas uma raiz.

É a necessidade de termos paciência diante das conquistas, individualizarmos um pouco mais os objetivos sem sermos egoístas. Esta carta também fala de harmonizarmos bem mais com a natureza aprendendo a trocar e a compartilhar com ela e esperar os resultados com paciência, pois as coisas acontecem no tempo certo. Significa a troca de energia entre as pessoas, fartura e abundância.

Dependendo do culto religioso a carta pode aconselhar a troca de energia através de acordo com o seguimento religioso do consulente. Progresso, fertilidade, individualidade no trabalho, estudo ou em algum objetivo. Pode também nos aconselhar a prestar atenção como estamos trocando nossa energia. Ou simplesmente pedir que possamos compartilhar algo.

Aspecto Positivo: Flexibilidade temperada, "a árvore balança sua parte superior representando a mente, suas raízes e troncos estão bem fixados, simbolizando a vontade e a direção". Rapidez de pensamento, necessidade de individualização em algumas horas visando encontrar uma direção.

Aspecto Negativo: Timidez, tendência a não saber trocar energia com os outros, persistência em situações erradas, energia estagnada.

Personalidade: Com temperamento tímido até ter intimidade com o ambiente e as pessoas, em seguida se torna descontraído e comunicativo, aventureiro e muito ágil. Para essa pessoa a vida é uma eterna corrida. Seu espírito é jovial, e mesmo depois de velho continua mantendo a vida no mesmo ritmo. É um grande conquistador, tendência a ser mulherengo.

Mensagem: Ninguém vive sozinho. A troca é necessária a qualquer ser humano. É uma Lei do Universo. Aprender a individualizar é diferente de ser individualista.

- **Qualidade:** Doação
- **Defeito:** Dispersão
- **Verbo:** Eu contribuo!
- **Saúde:** Respiração, alergias
- **Chakra:** Laríngeo, Frontal e Coronário
- **Energia:** Oxossi
- **Elementos:** Ar e terra
- **Signos:** Libra e Touro

As Nuvens

Palavra-Chave: Turbulência

Simbologia: As nuvens no céu nos dão a oportunidade de criarmos a imagem que nossa mente desejar, figuras que na maioria das vezes se formam a partir de uma imagem distorcida. O lindo céu azul dá impressão de que as nuvens cobrem uma encantadora paisagem. Elas vêm trazendo a imagem de algo que está pouco claro e confuso. Representam nossa mente e também a visão que temos em relação a algumas fatores, as dúvidas na hora de definir algo, a tendência à impulsividade e à impaciência. São as confusões passageiras.

A carta fala de situações pouco definidas, cabeça tumultuada, perigo com atitudes precipitadas. Significa algo passageiro. Turbulências momentâneas, momento instintivo. Também fala de sexualidade livre e natural. Mediunidade ativa e aflorando. Desatenção, dispersão, energia sexual mal utilizada, vertigens.

Aspecto Positivo: Força, determinação, criatividade, agilidade, naturalidade, sexualidade e sensualidade.

Aspecto Negativo: Impulsividade, confusão geral, má interpretação, alteração, agressividade e falta de clareza mental.

Personalidade: Sua característica principal é a intensidade e a paixão pela vida. Temperamento forte e, às vezes, até agressivo. Dificuldade em lidar com profundas emoções e situações que exijam paciência. Dinamismo, agilidade e inconstância também são suas características. Quando está apaixonado (a) vive para a relação.

Mensagem: Cautela. A impulsividade nos leva a decisões precipitadas. Por pior que seja o momento, ele passará.

- **Qualidade:** Vitalidade
- **Defeito:** Impaciência, impulsividade e inconstância
- **Verbo:** Eu arrisco!
- **Saúde:** Sistema nervoso
- **Chakra:** Frontal e Coronário
- **Energia:** Iansã
- **Elementos:** Fogo e ar
- **Signos:** Áries e Aquário

A Cobra

Palavra-Chave: Falsidade

Simbologia: Para muitas pessoas a cobra representa a falsidade. Na carta de N07 (sete) temos o desenho de uma cobra armada para dar o bote. Ela é um bicho silencioso, que quando percebemos já atuou sobre alguém ou sobre alguma outra coisa.
Na Antiguidade, era considerada sagrada, pois trazia também a representação da magia. A cobra representa a nossa fertilidade, nossa sexualidade (por ser um bicho cujo habitat natural é a terra e por ter tanta flexibilidade em seu corpo, mostrando assim a sensualidade natural ao se deslocar). De tempos em tempos a cobra troca de pele, lembrando a nossa necessidade de mudança de ciclos no decorrer de nossas vidas. Representa a energia kundalini (energia sexual), é a grande serpente que reina

no nosso primeiro chakra e que deve ser despertada e tratada de forma muito cautelosa.

Possui vasto significado: Discórdias, desarmonia, pessoas venenosas que podem tentar nos desestruturar através de fofocas e intrigas. Confusões, brigas, falsas amizades, traição, conspiração, armadilha provocada por inimigos ocultos. Fase perigosa, pois algo pode ser descoberto após acontecimentos desagradáveis. Porém, a cobra sempre se mostra trazendo seu perigo, de certo são situações que já conhecemos.

Mediunidade, cura, mudança de ciclo, magia sexual, sedução.

Aspecto Positivo: Fertilidade. Novo ciclo trazendo novas perspectivas; mediunidade de cura, cautela, tática e transmutação.

Aspecto Negativo: Falsidade, pessoa dissimulada, que age às escondidas. Traição, algo que será descoberto depois de feito. Fofoca e intriga. (veneno)

Personalidade: Pessoa astuta com muita tendência à fofoca. Pessoa sórdida que não mede esforços para conquistar os seus objetivos. Pessoa de índole duvidosa por ser muito venenosa. Gosta muito de participar da vida alheia, "leva e traz". Tendências a aceitar bem as mudanças que a vida lhe proporciona, mediunidade de cura.

Mensagem: As mudanças de ciclo são necessárias mesmo quando não queremos. Sexo é magia. Deve ser o momento mágico para ambos. A traição acontece quando estamos receptivos a ela.

- **Qualidade:** Adaptabilidade
- **Defeito:** Intrigas
- **Verbo:** Eu conspiro!
- **Saúde:** Doenças espirituais, cura
- **Chakra:** Básico e Umbilical
- **Energia:** Oxumaré
- **Elemento:** Água
- **Signo:** Escorpião

O Caixão

Palavras-Chave: Perda, corte

Simbologia: Um caixão fechado, cemitério, lápides. Simboliza a morte. Não é uma imagem agradável, mas se refletirmos diante dela, vamos perceber que representa o final de uma etapa, término de um ciclo. O que é a morte? Muitas vezes nos perguntamos. É uma passagem natural em que o espírito completa sua missão, seu ciclo e segue. Esta carta representa também uma situação em processo de perda de energia, ou seja, está se esgotando, correndo risco de acabar.

O caixão, igualmente, simboliza os entes queridos. Pode falar de alguém que já se foi e que dependendo da situação ainda não se desprendeu (egum/obsessor).

Significa transição cármica, perda de energia própria ou algo que não possui mais vida. Silêncio. Final ou interrupção de um ciclo. Pode falar de profundas perdas, mudanças radicais, renovações necessárias. Rito de passagem, momento em que matamos algo para dar vida a novas possibilidades.

Aspecto Positivo: Momento de cortar, acabar com situações ou sentimentos que já estão mortos, finalizar um ciclo para a entrada de um novo. Corte necessário.

Aspecto Negativo: Morte, obsessão, silêncio, tristeza, fim, sufoco e ruptura. Perdas radicais ou súbitas.

Personalidade: Pessoa que vive em constante oscilação, ou seja, na sua vida tudo é oito ou oitenta. Tendência a cortes bruscos de amizades, empregos, amores...

Mensagem: Estamos aqui para aprender algumas lições. Nosso corpo é um filtro por onde passa o nosso espírito com o sentido de purificar-se. Quando chega a hora da passagem é hora de terminarmos um estágio e iniciarmos outro; a vida nada mais é do que o aprendizado e a preparação para o caminho espiritual.

- **Qualidade:** Saber silenciar
- **Defeito:** Isolamento
- **Verbo:** Eu me isolo!
- **Saúde:** Depressão profunda, cirurgia, doenças incuráveis
- **Chakra:** Raiz e umbilical
- **Energia:** Omulú
- **Elemento:** Terra e Água
- **Signos:** Peixes, Escorpião e Virgem

O Buquê

Palavra-Chave: Profundidade

Simbologia: Um buquê de flores, desde o tempo de nossos avós, é símbolo de um sentimento profundo. Geralmente, mandamos flores para pessoas que realmente nos sãos importantes. O buquê traz consigo a ligação com nossas emoções mais profundas, e as rosas são símbolo de amor. Representam também a alegria e a satisfação. O buquê fala de algo profundo que vem do nosso interior, é a alegria que transborda dos nossos olhos. É a calma e a sabedoria para tomar uma decisão, o respeito aos sentimentos alheios, surpresas e romances. Amor verdadeiro. São as surpresas e as alegrias que temos quando estamos amando.

Aspecto Positivo: Reflete o verdadeiro sentimento de alguém, é o que trazemos de mais profundo, é a carta das alegrias e da sensibilidade.

Aspecto Negativo: Sentimento reprimido, tristeza, angústia, baixa autoestima. Aguarda sempre o reconhecimento dos outros.

Personalidade: Pessoa com grande profundidade sentimental. Sente tanto a alegria quanto a tristeza com bastante intensidade. Pessoa verdadeira.

Mensagem: A felicidade está nas coisas mais simples da vida. Porém, às vezes, buscamos a felicidade externamente, mas que não existe. Ela é um sentimento que deve ser buscado no nosso íntimo.

- **Qualidade:** Compreensão
- **Defeito:** Tendência a engolir as coisas a seco
- **Verbo:** Eu compreendo!
- **Saúde:** Doenças reumáticas e crônicas
- **Chakra:** Cardíaco, Coronário e Umbilical
- **Energia:** Nanã Buquê
- **Elemento:** Água
- **Signo:** Câncer

A Foice

Palavra-Chave: Transformação

Simbologia: Uma foice no meio de um campo de trigo representa a limpeza, a transformação de determinadas situações. O campo representa fatos passados que devem ser cortados; necessidade de transmutar. O trigo, símbolo de prosperidade, representa um aspecto em nossa alma que evolui e expande somente quando nos libertamos de nossas concepções antigas. Significa algo em processo de transição, sendo reformulado com o objetivo de melhorar. Fala de algo que deve ser levado à conclusão pessoal, pois faz parte de sua evolução. Transformações internas e externas não significando necessariamente transformações negativas. É preciso que se avalie que mudanças e transformações fazem parte do nosso dia a dia. Alerta para que não relutemos contra elas. A carta fala da cura de certa doença ou alerta sobre o processo de evolução de alguma outra, caso não sejam tomadas as devidas providências. As situações regidas por essa lâmina são lentas e vagarosas, pois ela está relacionada ao tempo. Pode simbolizar também trabalho excessivo ou ruptura inesperada quando acompanhada de cartas que simbolizam cortes.

Aspecto Positivo: Necessidade de transformações internas e externas. Transformações positivas, necessidade de reciclagem, médico.

Aspecto Negativo: Transformações com cortes inesperados, energia estagnada, doença.

Personalidade: Sua característica principal é a descrição; adapta-se às transformações com facilidade. Calmo, chega, às vezes, ser lento, mas possuidor de grande força interna. Adora ficar só quando está sofrendo. Tendência a "engolir a seco" e ser orgulhoso (a).

Mensagem: A terra vive em constante transformação, assim também todos nós. Elas são necessárias para que possamos crescer.

- **Qualidade:** Renovação
- **Defeito:** Morosidade e lentidão
- **Verbo:** Eu transformo!
- **Saúde:** Cura ou descoberta de alguma doença, doenças de pele, cirurgia
- **Chakra:** Cardíaco, Frontal e Básico
- **Energia:** Obaluaê
- **Elementos:** Água e terra
- **Signos:** Escorpião e Capricórnio

O Chicote

Palavra-Chave: Magia

Simbolismo: O chicote é sempre um elemento que nos mostra força. Representa o domínio. É carta que fala de nossas forças internas, aquelas que por muitas reprimimos e escondemos. Carta que representa fé e magia. Magia interna que nasce conosco, que cresce com cada lição que tomamos.

Representa a dualidade e a facilidade que temos em amar e odiar, é o nosso poder de sentimento e pensamento. Neste caso, o chicote não aparece como um elemento que representa o castigo, mas sim o domínio e o controle. Força de pensamento, mente ou sentimento, fé.

Significa força, energia criadora que nós colocamos nos desejos para que se realizem. É o poder mental que impulsiona a nossa vontade. Significa a consequência da direção que damos à nossa vida. Pode simbolizar discórdia entre casais, magia interior que deve ser trabalhada. Autocontrole, vontade de fazer justiça com as próprias mãos, julgamentos injustos, rancor por bobagem. Fala de alguém que pode viver sob o controle dos outros. Em alguns casos, alerta sobre agressão física por descontrole.

Aspecto Positivo: Magia, poder, força espiritual e mental, domínio, fé.

Aspecto Negativo: Trabalhos de magia interferindo na vida, magia negra, falta de força, de fé, domínio e possessão para o lado negativo. Pensamento de ódio.

Personalidade: Pessoa de grande força interior. Tem o poder nas palavras, é regida por forte magia e magnetismo. Só se deve tomar cuidado para não utilizar sua magia para o lado negativo. Tendência a ser rancorosa, explosiva. Cuidado com a promiscuidade.

Mensagem: Seja qual for o problema, a força interna nos guia para a melhor solução. Magia funciona somente quando colocamos nela a nossa fé, que é o instrumento fundamental para o ato mágico.

- **Qualidade:** Força
- **Defeito:** Agressividade
- **Verbo:** Eu domino!
- **Saúde:** Estresse
- **Chakra:** Plexo Solar, Cardíaco e Frontal
- **Energia:** Boiadeiro
- **Elemento:** Terra e Fogo
- **Signos:** Leão e Capricórnio

Os Pássaros

Palavra-Chave: Alegria

Simbolismo: Dois pássaros voando juntos remete à imagem da liberdade, de voo que desejamos dar, mas, muitas vezes, falta-nos a coragem. Um casal de pássaros juntos, porém, cada um olhando para a sua direção simboliza-nos a liberdade individual que devemos manter no relacionamento – bebermos do mesmo líquido, mas em taças diferentes é a proposta. Felicidade em produzir o que realmente realiza a alma. Ambos voam juntos, mas respeitam-se mutuamente. Cada qual aprende a sua lição na vida. Esta carta fala de alegrias ao recebermos pequenas atenções quando não esperávamos do estado de graça quando apaixonados. É o romantismo, o namoro, a valorização do outro na relação e também o aviso para que trabalhemos algo para não cair na rotina.

É o colorido da vida que nos preenche e nos conscientiza dos valores perdidos a serem resgatados por nós. A sensação de liberdade aparece quando fluímos com a vida e com os sentimentos, nossa alegria flui naturalmente e nosso estado de contentamento com aquilo que nos pertence. Fala especialmente de "relacionamentos", namoro ou casamento. Encontro casual benéfico, espontaneidade, liberdade de expressão e sentimento, magnetismo pessoal, relacionamento conjugal harmonioso, sorte nos negócios, realização de contratos, cooperação também são seus significados.

Aspecto Positivo: Felicidade, surpresas na relação, romantismo, saudade, contentamento, liberdade e leveza.

Aspecto Negativo: Falta de liberdade, tristeza, possessão, aprisionamento, desconfiança, insegurança, sentir-se preso e objeto na relação, falta de liberdade no relacionamento. Ser dominado ou dominar, aproveitar abusivamente da inocência alheia.

Personalidade: Romântico (a), tendência a viver em função do amor. Gosta da liberdade independentemente do relacionamento em que vive. Não gosta de se sentir aprisionado. Detesta a rotina, adora surpresas e carinho. Tendência a fazer sempre o que outro quer.

Mensagem: A liberdade é o caminho para a felicidade. Ninguém vive feliz preso. Respeito ao mundo do outro é a melhor forma de se viver bem.

- **Qualidade:** Independência
- **Defeito:** Fragilidade
- **Verbo:** Eu liberto!
- **Saúde:** Respiração e cansaço
- **Chakra:** Cardíaco
- **Elemento:** Ar
- **Signo:** Libra

A Criança

Palavra-Chave: Pureza, sinceridade

Simbolismo: Uma criança é sempre o símbolo da pureza, da ousadia e da inocência. O aspecto puro da criança nos lembra da verdadeira essência infantil que trazemos conosco. A intuição forte, que é símbolo de grande ligação com o mundo espiritual, indica-nos que a cada minuto temos mais e mais oportunidades de fazermos crescer nossa criança interna.

Essa carta tem por símbolos a liberdade e a alegria que sentimos e que não conseguimos esconder de ninguém. Traz a mensagem de que a criança não tem medo e nem preconceito e está sempre aberta a novas experiências. Fala do nosso lado mais sincero e verdadeiro, traz a autenticidade da infância com suas perguntas e curiosidades, fala também da verdadeira intenção das pessoas.

É a nossa intuição, nosso sexto sentido. É aquela voz que vem de dentro do nosso interior, com a intenção de nos alertar sobre algo ou alguém. Pode representar filhos ou criança pequena. Representa nascimento, em todos os sentidos, "o início", também a bondade, a caridade, a honestidade, a vontade de se dar de coração, sinceridade, carinho, felicidade chegando através de uma criança.

Aspecto Positivo: Alegria, pureza, inocência, fé, verdade, sinceridade, intuição forte, amor. **Aspecto Negativo:** Pessoa verdadeira, inocente e alegre. Não consegue esconder nada, pois sua característica principal é a transparência. Pessoa pura de coração. Sensibilidade aflorada.

Mensagem: Quando matamos nossa criança interna por algum motivo, parte de nós deixa de existir, nos tornamos matéria com alma triste.

Qualidade: Verdade

Defeito: Inocência, impulsividade

- **Verbo:** Eu quero!
- **Saúde:** Boa, gravidez
- **Chakra:** Cardíaco
- **Energia:** Erê (Ibeijada)
- **Elemento:** Fogo
- **Signo:** Áries

A Raposa

Palavra-Chave: Malícia, armadilhas

Simbolismo: Uma raposa caminhando, olhando para o lado, mostra certo ar de desconfiança. A raposa caminha em busca de uma caça, está à procura de sua presa. Com elegância e malícia, observa cautelosamente até a hora de atacar. É um animal misterioso e malicioso, tem a sabedoria necessária para atacar em silêncio. Observa sem fazer barulho. Representa aquelas pessoas que nos rodeiam com intuito de crescer através de nosso caminho. Fala também das armadilhas colocadas pelo destino, que tem intuito de nos confundir e testar.
Simboliza sempre alguma situação ou alguém em especial, que tenta nos enganar. Algo ou alguém que aparenta ser o que não é. Alguém que procura nos enganar, trair, mentir e gosta de

falsear informações, aproveitando-se de nossa inocência, para arquitetar seus planos. Algo que está tentando nos desviar de nossos objetivos. É a astúcia, a malícia de levar vantagem em tudo. É a carta de alerta, para que tenhamos cuidado e cautela. Alerta com alguém que nos observa em silêncio, pessoa maliciosa. Pede que sejamos mais espertos. Mostra alguém com muito jogo de cintura, bom para trabalhar com vendas. Pode refletir o ciúme de alguém. O cuidado com nossas ilusões, tudo também que criamos em nossa mente com a finalidade de nos enganar ou sabotar a realidade.

Aspecto Positivo: Elegância, discrição, observação, cautela, rapidez.

Aspecto Negativo: Malícia, armadilha, pessoa maldosa próxima, esperteza.

Personalidade: Pessoa maliciosa. Observa tudo sem falar nada. Costuma nos mostrar sempre o que não é. Sua arma é a esperteza, nem sempre para o lado negativo. Pessoa egoísta, desonesta e hipócrita. Pessoa com poder de persuasão.

Mensagem: Cautela com pessoas que observam tudo e se mantêm em silêncio. A artimanha no sentido positivo é a melhor maneira de vencermos dificuldades.

- **Qualidade:** Esperteza, Jogo de cintura
- **Defeito:** Malícia
- **Verbo:** Eu observo!
- **Saúde:** Pede observação
- **Chakra:** Frontal, Básico e Laríngeo
- **Elemento:** Terra
- **Signo:** Capricórnio

O Urso

Palavra-Chave: Falsidade, olho grande

Simbolismo: O urso é um animal grande, que demonstra desconfiança o tempo todo. Introspectivo e bruto pode-se mostrar também delicado e sensível. Representa nossa intuição, nosso mundo interno, nossa necessidade de proteger e ser protegido, às vezes, ficarmos só, para resolvermos nossos problemas. Representa também alguém próximo que utiliza de nossa amizade em benefício próprio, ou seja, um falso amigo, alguém que nos inveja e que deseja ter o que temos e de ser o que somos. O olho grande é um forte simbolismo desta carta, que nos traz como significado o "amigo urso", aquele que goza de nossa intimidade e que utiliza nossas informações pessoais para nos atrapalhar. É aquele que se faz de nosso amigo, porém não é. É aquele que nos abraça cravando suas garras. A falsidade e a inveja são suas armas. Também representa o olho grande e a inveja. Pede para silenciarmos nossos segredos e perspectivas para que tais objetivos possam se concretizar. Pede que observemos mais nossas amizades.

Aspecto Positivo: Sensibilidade, intuição, sabedoria, maternidade.

Aspecto Negativo: Falsos amigos ou um amigo (a) falso, olho grande, inveja, introspecção excessiva, egoísmo.

Personalidade: Pessoa tímida, desconfiada e com tendência à inveja. Costuma não se conformar muito com o que tem.

Mensagem: Observar bem mais o ciclo de amizades. As metas e objetivos devem ser silenciados até serem concretizados. "Olho grande é pior do que macumba".

- **Qualidade:** Maturidade, sensibilidade
- **Defeito:** Falsidade e dissimulação
- **Verbo:** Eu silencio!
- **Saúde:** Depressão, sono
- **Chakra:** Umbilical e Frontal

A Estrela

Palavra-Chave: Sorte e Karma

Simbolismo: Um céu estrelado é sempre uma pintura de Deus que deve ser admirada. A estrela é o símbolo da sorte e do brilho. Todos nós trazemos uma. O céu cheio de estrelas demonstra que não estamos sozinhos, também nos dá a impressão de que vivem outros seres em outras dimensões. Desde a antiguidade a estrela de cinco pontas representa o homem perfeito. Fala de nosso karma e de todas as experiências acumuladas de encarnações passadas. Fala também do caminho de vida e/ou o que está escrito nele. É a luz que nos acompanha, aquela que formula a mensagem espiritual do jogo. Representa nossos protetores espirituais, nossa sorte, nosso destino.

Aspecto Positivo: Sorte, luz, destino, união espiritual, mensagem do plano Astral, karma e darma, amigo espiritual auxiliando.

Aspecto Negativo: Karma sofrido, sorte abalada, momento de solidão, tristeza por se sentir só, mistério.

Personalidade: Pessoa espiritualizada (iluminada), de grande amor ao próximo, mediunidade aflorada. Pessoa que adora guiar os outros positivamente. Pessoa sonhadora e de grande magnetismo.

Mensagem: Há sempre uma luz no fim do túnel para nos ajudar. Nunca estamos sós. Não viemos ao mundo a passeio, as dificuldades são necessárias ao nosso desenvolvimento e resgate pessoal. (crescimento)

- **Qualidade:** Brilho, luz, espiritualidade
- **Verbo:** Eu intuo!
- **Saúde:** Boa, problemas de ordem espiritual, cármicos
- **Chakra:** Coronário e Cardíaco
- **Elemento:** Água
- **Signo:** Peixes

A Cegonha

Palavra-Chave: Novidades

Simbolismo: Antigamente os mais velhos diziam que as crianças eram trazidas no seu bico ainda bebês para seus pais pela cegonha, por este dito, a cegonha vem-nos representar uma novidade, uma fase mais fértil. Representam a necessidade de um voo para o novo, para o desconhecido. A carta nos traz a imagem da liberdade e da ousadia que foge à rotina. É a surpresa de algo inesperado, são novas oportunidades que vão mudar nosso destino. É o nascimento de ideias, amizades, amor ou até mesmo uma criança. Não ter medo de desafios, de iniciar algo novo e desconhecido sem olhar para trás, pois o que passou, passou. Devemos viver um dia de cada vez. Novo ciclo de vida, mudança de casa ou emprego.

Aspecto Positivo: Novidades, novos amigos, novos amores, liberdade de escolha, nova fase.

Aspecto Negativo: Tendência a ficar na mesmice, estagnação, inclinação a vivenciar fatos passados com frequência (saudosismo), medo do novo.

Personalidade: Pessoas amorosas, cheias de sedução (Vênus). Disposição a utilizar sua sedução para conquistar seus objetivos. Pode ser teleguiada. Mãe carinhosa, porém, faz todos os desejos de seu filho (a).

Mensagem: O novo é sempre desconhecido e por isso temido, tenha calma e aguarde sem ansiedade. É preciso estarmos abertos para o novo que acontece constantemente na vida.

- **Qualidade:** Inovação
- **Defeito:** Estagnação, infertilidade
- **Verbo:** Eu inovo!
- **Saúde:** Gravidez
- **Chakra:** Umbilical
- **Elemento:** Água e Ar
- **Signo:** Câncer e Libra

O Cão

Palavra-Chave: Aliado

Simbolismo: Há muito tempo ouvimos dizer que o cão é o melhor amigo do homem. O cão simboliza o guardião, aquele que observa tudo e analisa tudo com intuito de nos proteger e nos ajudar. É o nosso amigo que está sempre próximo, nos ouvindo, nos auxiliando. As amizades sinceras, autênticas. Alguém que se pode confiar e que não utiliza subterfúgios. Pode falar de um aliado ou da necessidade de se aliar a alguém, seja no Plano Físico ou Espiritual. Também pode falar de estarmos aliados aos nossos sonhos e sermos fiéis aos nossos objetivos.

Aspecto Positivo: Amizade, sinceridade, verdade, fidelidade, união sincera.

Aspecto Negativo: Raiva, desconfiança, pessoa traiçoeira, acomodação.

Personalidade: Pessoa fiel, legal, justa, amiga e confidente. Adora ouvir e ajudar os outros.

Mensagem: Existem momentos na vida que exigem mais necessidade de nos aliarmos a algo ou a alguém, pois ninguém vive e constrói nada sozinho sem o auxílio de outro.
Dentro de nós habita nosso melhor amigo (Deus, Guia Interior...), é preciso saber silenciar e ouvir essa voz interna que nos auxilia nas etapas da vida.

- **Qualidade:** Fidelidade, união
- **Defeito:** Agressão, infidelidade, proteção excessiva
- **Verbo:** Eu defendo!
- **Saúde:** Sistema imunológico
- **Chakra:** Plexo Solar
- **Elemento:** Ar
- **Signo:** Libra e Aquário

A Torre

Palavra-Chave: Espiritualidade

Simbolismo: Uma torre alta em meio à mata e montanhas bem visíveis, misteriosa e solitária. Duas janelas que dão a impressão de existir alguém lá dentro ou, ao menos, é visitada. A torre representa o nosso "eu", nosso interior, a essência do que somos e nem sempre externamos. É a nossa alma imortal, não as couraças que colocamos ao longo da vida para nos proteger, criando uma falsa imagem. Representa o que existe de mais verdadeiro e profundo em nosso ser. A Torre é a nossa base mais profunda, onde guardamos nossos segredos e verdades.

Aspecto Positivo: Espiritualidade, alma, Eu profundo, Eu superior, Plano Espiritual, olhar para si mesmo, aspecto mais profundo e espiritual do ser.

Aspecto Negativo: Reclusão, fuga, recuo, introspecção, medos e prisões internas.

Personalidade: Sua característica principal é o silêncio. Aparenta Ter o espírito, quando criança, muito antigo. São pessoas que devem ter amadurecido muito mais do que as outras. Aspecto negativo: pode ser orgulhoso. Tendência a ser religioso. Grande Carma.

Mensagem: Nosso maior amigo ou pior inimigo está em nós mesmos. Podemos omitir o que somos ao mundo, mas nunca a nós mesmos (nosso guia interno). Consciente ou inconscientemente fugimos ou ocultamos a nós mesmos, mas um dia todo esse esforço no sentido contrário de nossa verdadeira essência, que gera grande estresse, se renderá ao fluxo natural do ser e da vida.

- **Qualidade:** Pureza
- **Defeito:** Isolamento
- **Verbo:** Eu sou!
- **Saúde:** Espiritualidade interferindo na saúde, doença do espírito, gripe, resfriado
- **Chakra:** Coronário

O Jardim

Palavra-Chave: Esforços

Simbolismo: Um jardim com árvores e flores é sempre muito bonito de se ver. Existem formas de se cuidar e manter um, sabendo-se que, quanto mais cuidado tivermos em, mais bonito ficará. Esta carta representa o lado bonito e "florido" da vida. Nossos momentos de realizações anuncia-nos que tudo o que desejamos depende de nossos esforços para serem conquistados. A carta nos alerta para que tudo o que plantarmos é o que iremos colher, ou seja, nós somos os responsáveis diretos, conscientes ou inconscientes, daquilo que obtemos na vida. Cabe a nós a mudança necessária para melhor colheita. Pode também falar da família de um modo geral. Significa também nossos esforços, tudo que dedicamos e sacrificamos para o resultado final, é a lei de retorno agindo sobre nossas ações.

Aspecto Positivo: Projetos, objetivos, criação, criatividade, fertilidade, beleza, ação, energia próspera, futuro, romantismo, boa saúde, insistência.

Aspecto Negativo: Falta de esforço, caminho próspero, mas pouca iniciativa, energia estagnada, persistência cega.

Personalidade: Pessoa de grande mistério. Adora fazer e desvendá-los.

Pode estar falando de alguém ligado à área de saúde ou que tenha vocação. Pessoa curiosa e que faz questão de se esconder em seu mundo. Pessoa de muitos sonhos e objetivos. Incansável trabalhadora.

- **Qualidade:** Obstinado (a)
- **Defeito:** Sonhador (a). Pensa muito no futuro e esquece do presente
- **Verbo:** Eu realizo!
- **Saúde:** Cura pelas ervas, vida longa
- **Chakra:** Coronário, Frontal e Básico
- **Elemento:** Terra
- **Signo:** Virgem

A Montanha

Palavra-Chave: Justiça

Simbolismo: É maravilhoso admirarmos a beleza de uma montanha e refletirmos sobre o esforço que fazemos para escalarmos cada etapa que nos leva ao cume, mas muitas pessoas têm dificuldades de realizar. Quando olhamos a montanha de baixo, ela nos transmite a imagem de quanto mais alta mais perto de Deus estará, pois, está visualmente mais perto do céu. A imagem dela na carta lembra-nos das pedreiras belas, porém rígidas e passam a imagem de autoridade, de poder observar tudo do alto do limite imposto pelas montanhas.

Representa a Justiça, aquela que quando pesada na balança cai sobre nossos atos, para que a Justiça Suprema (lei de causa e efeito) possa nos avaliar. É a carta da Justiça, da autoridade e dos méritos pessoais. Indica que os fatos estão tendo a sua real avaliação. Justiça Divina interferindo e prevalecendo. Falam de documentos, papéis, necessidade de procurar a justiça (advogado, juiz...). Também fala da justa avaliação de um fato ou pessoa antes que seja tomada uma atitude injusta.

Aspecto Positivo: Boa avaliação ou senso de justiça, justiça, autoridade, papéis, documentos, elegância, riqueza.

Aspecto Negativo: Injustiça, falta de clareza e atitudes impensadas, brutalidade, rigidez, autoritarismo, orgulho e impotência.

Personalidade: Pessoas que adoram superar seus limites. Pessoas justas e firmes em suas decisões, autoconfiança. Tendência a ser possessivo, crítico e autoritário. Às vezes, precisa trabalhar a agressividade.

Mensagem: Independentemente de nossa vontade, a melhor decisão tem de ser tomada ou a justiça tem de ser feita, ainda que pareça injusto ou inadequado.

- **Qualidade:** Equilíbrio
- **Defeito:** Indiferença, rigidez
- **Verbo:** Eu decido!
- **Saúde:** Coluna
- **Chakra:** Plexo Solar, Básico
- **Energia:** Xangô
- **Elemento:** Fogo e Terra
- **Signo:** Capricórnio e Sagitário

O Caminho

Palavra-Chave: Caminho, destino

Simbolismo: Uma estrada formando um longo caminho, árvores pelos dois lados da bifurcação que ele forma. É a nossa trajetória de vida, o destino ou rumo que ela pode tomar. A estrada, longa ou curta, que se apresenta no nosso caminhar e que sempre nos reserva surpresas em algum lugar no futuro. Esta carta fala de caminhos abertos e de questões que possam se apresentar nele. As árvores representam os nossos aliados espirituais que nos impulsionam, porém a força e a determinação são nossas. Também pode falar de nossa decisão, a escolha certa pode mudar tudo em nosso caminho! Pode simbolizar o destino àquele que nós não temos como comandar, apenas saber escolher.

Aspecto Positivo: Luta, determinação, conquista, liberdade, abertura de caminho, vitalidade, sexualidade, tendências favoráveis.

Aspecto Negativo: Ansiedade, agressividade, libertinagem, infidelidade, rancor, arrogância, egoísmo, individualismo, impedimentos, ilusão, obras inacabadas.

Personalidade: Pessoa superdinâmica, determinada, superativa, sexualidade ardente, corajosa, segura de seus desejos e objetivos. Fala também de pessoa impulsiva e que não leva muito a sério o sentimento alheio.

Mensagem: O destino nos reserva momentos surpreendentes, mas é preciso que tenhamos paciência e sabedoria para aguardá-las.

- **Qualidade:** Determinação
- **Defeito:** Agressividade, liberdade excessiva
- **Verbo:** Eu conquisto!
- **Saúde:** Estômago
- **Chakra:** Plexo Solar, Coronário e Frontal
- **Energia:** Ogum
- **Elemento:** Fogo
- **Signo:** Leão, Áries

O Rato

Palavra-Chave: Desgaste

Simbolismo: A figura de um rato roendo uma maçã não nos passa uma impressão agradável, já o repelimos pela sua aparência e ação nociva. Traz com ele a imagem do roubo, da esperteza, do dinamismo e da malícia.

Carta que representa o desgaste, desânimo. Fala de roubo de energia vital, luz interior, da vontade de viver e lutar. Sentimo-nos vampirizados energeticamente. Nossas informações, ideias e energia foram sugadas em proveito do próprio agente. Nos alerta para a possibilidade de roubo de energia por alguma pessoa (encarnada ou desencarnada) ou alguma situação específica que nos consome. Provavelmente, essa situação já acontece há algum tempo e ainda não nos demos conta dela.

São perdas e roubos tanto físicos quanto espirituais. Necessidade de atentar para a questão, pois é gerador de estresse e, dependendo da situação, poderá futuramente produzir uma doença mais grave no corpo físico.

Aspecto Positivo: Inteligência, rapidez, astúcia, perspicácia, percepção, sensibilidade, tato.

Aspecto Negativo: Desgaste, roubo, vampirismo, obsessão, doença, situação oculta, algo que está perdendo energia e pode deixar de existir, caso não sejam tomadas as devidas providências.

Mensagem: Cuidados com desgastes, pois ele pode trazer ruptura, doenças e até corte de alguma situação ou alguém em sua vida. Situação que está perdendo energia ou vida. Cautela com inimigos. É importante não deixar as coisas se desgastarem tanto a ponto de se perder...

- **Qualidade:** Astúcia
- **Defeito:** Vampirismo, roubo
- **Verbo:** Eu desgasto!
- **Saúde:** Cansaço, baixa imunológica, estresse
- **Chakra:** Umbilical e frontal

O Coração

Palavra-Chave: Sentimento

Simbolismo: O coração é sempre símbolo de amor, carinho e respeito. Ele é o órgão que representa em nível físico o plano dos nossos sentimentos e emoções mais profundas, onde reside a verdade. É o canal de comunicação com o nosso guia interno (Deus, entidade espiritual, anjo guardião etc.).
Está relacionado com o chakra cardíaco que, em suma, é o intermediário dos chakras inferiores e superiores. Devemos nos atentar que tanto o amor quanto o ódio são sentimentos profundos no homem. Nossas emoções e sentimentos estão intimamente conectados a uma cadeia que rege todo o organismo humano.
Um coração com labaredas de fogo simboliza a intensidade do amor que temos dentro de nós. Por pior que seja o indivíduo,

um dia já sentiu um apreço por alguém ou até por um animal de estimação. Carta que fala de expansão de sentimento. É o nosso lado sensível e emotivo. Pode falar de bloqueio da razão por usar demasiadamente a emoção. Fala de sensibilidade profunda, de nervos sensíveis, "à flor da pele".
Situações que envolvem os campos afetivos e emocionais.

Aspecto Positivo: Emoções profundas, sentimento verdadeiro, amor, ternura, compaixão, pureza, perdão, encanto, magia emocional.

Aspecto Negativo: Ódio, rancor, mágoas, falta de perdão, chantagem emocional, usar e passar por cima do sentimento alheio. Pessoa estressada.

Personalidade: Pessoas misericordiosas, carismáticas, amorosas, sensíveis, carinhosas, com tendências a ter o sistema nervoso muito abalado (estresse) por ser altamente sensível e emotiva.

Mensagem: Às vezes, é preciso parar e ouvir a voz que vem do coração, pois é ela quem nos transmite a mensagem verdadeira da nossa alma.

- **Qualidade:** Sensibilidade
- **Defeito:** Instintivo (a)
- **Verbo:** Eu sinto!
- **Saúde:** Coração, sistema nervoso
- **Chakra:** Cardíaco, Umbilical
- **Elemento:** Água
- **Signo:** Câncer, Escorpião e Peixes

As Alianças

Palavra-Chave: União

Simbolismo: A aliança é o símbolo mais forte na representação simbólica da união e do compromisso. Representa um elo ou algo que está se aliando. São os compromissos e as associações colocadas no nosso destino.

Pode falar de compromisso na relação, casamento, noivado, namoro sério ou sociedade de negócios. Duas ideias e objetivos estão se unindo ou a caminho da união por suas afinidades e interesses comuns. As alianças acontecem, pois, existem objetivos e necessidades que precisam de união conjunta para que as metas possam ser conquistadas.

Aspecto Positivo: União sincera, compromisso desejado, responsabilidade com algo ou alguém, honestidade, casamento, namoro, noivado ou relacionamento duradouro.

Aspecto Negativo: Excesso de responsabilidade. Sente-se obrigado a manter compromisso, desunião, individualismo, diferenças sociais, separação.

Personalidade: Pessoa que detesta a solidão. Adora estar em meio às pessoas e em movimento. Amante incondicional. Nasceu para o casamento, para a vida a dois. Gosta de estar sempre junto a alguém ou depende sempre de alguém para viver e construir o seu caminho na vida. Pode se tornar uma pessoa dependente.

Mensagem: Não conquistamos nada sozinhos. Estamos sempre ligados a alguém ou a um grupo de pessoas para nosso desenvolvimento e realização. Aliar-se pode ser necessário.

- **Qualidade:** Compartilhar, cumplicidade.
- **Defeito:** Dependência
- **Verbo:** Eu unirei!
- **Saúde:** Sistema circulatório
- **Chakra:** Umbilical, Cardíaco, Básico
- **Elemento:** Ar
- **Signo:** Libra

Os Livros

Palavra-Chave: Trabalho, intelecto

Simbolismo: Um livro com um pentagrama na capa simboliza a sabedoria oculta e a experiência registrada de nossos ancestrais. Representa também o trabalho, a mente e a inteligência. É a representação simbólica dos ensinamentos que adquirimos no decorrer de nossas vidas. É a necessidade de aprendermos cada vez mais, independentemente da área visada. Representa o nosso trabalho, estudo, especializações e habilidades artísticas. Também pode falar de situações guardadas ou escondidas que precisam ser averiguadas. É o desconhecido que pode estar prestes a ser descoberto, ou seja, o livro que pode estar para ser aberto. Alerta-nos para usarmos os nossos conhecimentos e inteligência para resolver os nossos problemas. Pensar mais, usar mais a mente, o intelecto. É a carta que define aspectos profissionais e estudos. Pode falar também da necessidade de adquirir, desenvolver ou aprofundar mais os seus conhecimentos a respeito de um assunto específico (espiritual, esotérico, profissional) através de livros, cursos, faculdade etc. Também fala de ensinar, dar cursos, palestras etc.

Aspecto Positivo: Estudos, trabalho, mente clara e objetiva, inteligência, realismo, estudioso (a), ciência, arte, profissão.

Aspecto Negativo: Irresponsabilidade, mente vazia, ignorância, desemprego, falta de discernimento, inaptidão para usar a inteligência e realizar objetivos. Dispersão ou cansaço mental. Algo escondido, segredo.

Personalidade: Sua característica principal é a inteligência e sabedoria. Adora estudar e adquirir novos conhecimentos. Desvendar os enigmas da vida e do universo é o seu gosto predileto. Pessoa intelectualizada e trabalhadora. Gosta de ler, escrever e passar seus conhecimentos. Tendências ao ocultismo, esoterismo etc.

Mensagem: Todos os grandes inventos foram criados a partir da mente imaginativa. Ela tem a capacidade de construir e destruir. É preciso atenção aos nossos pensamentos.

- **Qualidade:** Inteligência
- **Defeito:** Ignorância
- **Verbo:** Eu estudo!
- **Saúde:** Problemas mentais, cerebrais, visão
- **Chakra:** Frontal, Coronário
- **Elemento:** Ar
- **Signo:** Aquário

A Carta

Palavra-Chave: Aviso, notícia

Simbolismo: Uma carta escrita sendo enviada, representa algo que está chegando em forma de mensagem. Pode realmente ser um alerta de uma situação iminente que tem a função de ensinar, como se fosse uma oportunidade de aprendizado. É o aviso, a cautela, atenção às coisas da vida ou com uma situação peculiar, necessidade de se comunicar com alguém ou silenciar no momento certo.

É uma das cartas mais importantes do jogo, pois é ela quem determina a interjeição, o cuidado e a confirmação de todas as outras que estão ao seu redor. É a mensagem específica da questão interpretada. Faz parte do momento em que a pessoa está vivendo. Não é uma previsão, é um momento cuidadoso quando ela aparece, pode alertar sobre algo que a pessoa não está percebendo. Pode falar de algo que deve ser averiguado.

Aspecto Positivo: Mensagem com sentido de ensinar, alguém distante se comunicando, um convite ou uma carta mesmo chegando. Confirmação.

Aspecto Negativo: Cuidado, atenção, algo não está certo ou sendo encaminhado de forma negativa. Descobertas não muito positivas.

Personalidade: Pessoas sonhadoras, românticas e criativas. Se caso investir, pode ser um grande poeta. Adora escrever cartas e recados. Gosta de segredar suas emoções. Perdoa, mas não esquece. Pessoa curiosa. Tendência a guardar rancor.

Mensagem: Cuidado, observe mais as mensagens que vêm em forma de lição de vida. Cuidado com o rumo a que está sendo levada (o) ou que quer dar. É um momento de ter mais atenção.

- **Qualidade:** Inteligência
- **Defeito:** Ignorância
- **Verbo:** Eu alerto!
- **Saúde:** Problemas mentais, cerebrais, visão
- **Chakra:** Frontal, Coronário
- **Elemento:** Ar
- **Signo:** Gêmeos

O Cigano

Palavra-Chave: O homem

Simbolismo: Esta é a carta que representa a figura masculina no jogo, podendo ser o pai, irmão, marido, patrão, amigo, companheiro físico ou espiritual, namorado etc. Reafirma as características masculinas servindo também como carta de confirmação. Pode também falar do homem dos sonhos de quem está consultando (consultora mulher) as cartas, sua cara-metade. Da mesma forma, representa o Cigano do jogo, traz a magia e a proteção, caso a pergunta esteja relacionada à espiritualidade. Alerta para lhe mostrar o que está ocorrendo ao seu redor ou que está afetando no aspecto sentimental. Figura masculina que participa direta ou indiretamente da questão formulada pelo (a) consultor (a) das cartas. Pode falar do complemento perfeito, "alma gêmea", que não necessariamente já existia.

Aspecto Positivo: O homem, o consorte, ação. Conquista, romantismo, criatividade, força, dinamismo. Carta de confirmação.

Aspecto Negativo: Poder mal utilizado, autoridade excessiva, controle, domínio. Pode até utilizar a magia negativamente para o controle.

Personalidade: Carta que define o sexo do consultor ou da pessoa a qual se pergunta. **Mensagem:** O sol é a luz que ilumina a lua, nem sempre eles podem se encontrar. Um homem quando ama de verdade uma mulher, ela sente apenas no seu olhar.

- **Qualidade:** Atividade, dinamismo
- **Defeito:** Machismo, agressividade
- **Verbo:** Eu estou!
- **Saúde:** Sexualidade masculina, próstata etc.
- **Chakra:** Plexo Solar, Cardíaco, Básico
- **Energia:** O Cigano
- **Elemento:** Fogo
- **Signo:** Leão

A Cigana

Palavra-Chave: A mulher

Simbolismo: Esta carta é a carta que representa a figura feminina no jogo, podendo ser a mãe, irmã, mulher, patroa, amiga, companheira física ou espiritual, namorada etc. Reafirma as características femininas servindo também como carta de confirmação. Pode também falar da mulher dos sonhos de quem está consultando (consultor homem) as cartas, sua cara-metade. Representa, igualmente, a Cigana do jogo, que traz a magia e a proteção, caso a pergunta esteja relacionada à espiritualidade. Alerta para lhe mostrar o que está ocorrendo ao seu redor ou que está afetando no aspecto sentimental. Figura feminina que participa direta ou indiretamente da questão formulada pelo (a) consultor (a) das cartas. Pode falar do complemento perfeito, "alma gêmea", que não necessariamente já existia. Representa e intensifica os aspectos femininos: passividade, intuição, sensibilidade, emoção, serenidade, magia feminina.

Aspecto Positivo: Mulher de muita bondade e força interior. Sabedoria, sensibilidade, poder de sedução, conquista, intuição, sacerdotisa, magia feminina.

Aspecto Negativo: Mulher falsa, fofoca, intriga, chantagem, oculta informações em proveito próprio, utiliza a magia e o poder feminino para manipular as pessoas.

Personalidade: Carta que define o sexo da consultora ou da pessoa a qual se pergunta.

Mensagem: Deus nos deu opções de vários caminhos a seguir. Foi "ele" quem traçou nossa passagem por aqui, mas o nosso destino e o futuro dependem exclusivamente de como vivemos o nosso momento presente.

- **Qualidade:** Sensibilidade, intuição
- **Defeito:** Passividade, submissão
- **Verbo:** Eu pacifico!
- **Saúde:** Ciclo e energia sexual feminina
- **Chakra:** Umbilical e Básico
- **Energia:** A Cigana
- **Elemento:** Água
- **Signo:** Câncer

O Lírio

Palavra-Chave: Paz Interior

Simbologia: Quando olhamos um lírio, sintonizamo-nos com o que há de mais sensível em nós e na vida. Esta carta é uma carta que simboliza a nossa paz interior (de espírito), profunda e verdadeira, nossa bondade e sensibilidade. Esta carta também fala de pureza e de uma profunda conexão com a natureza. Ela simboliza a bondade, a beleza e a harmonia.

Doçura, meiguice, amor transbordante são as características do lírio. A harmonia, paz de espírito é o propósito de todo ser humano. Romantismo, carinho e vaidade também fazem parte desta lâmina. Necessidade de sintonizar-se e sentimentos de serenidade fazem parte da mensagem do lírio. Carta que pede calma e paz em um momento delicado e minucioso. Alerta para a tranquilidade que está dentro de cada um de nós, que ela começa em nós e por nós. Também representa fertilidade, amor, doçura e prosperidade.

Aspecto Positivo: Paz, harmonia, amor, meiguice, carinho, compaixão, ternura, compreensão, doçura, fertilidade, abundância.

Aspecto Negativo: Ansiedade, ostentação de luxo, perda da paz e equilíbrio, melancolia, carência e dependências excessivas.

Personalidade: Pessoas calmas, puras, profundas demais em seus sentimentos. Tendência à estagnação e à preguiça.

Mensagem: A paz de espírito pode ser alcançada por todos, ela é uma grande responsável pelo equilíbrio e bom desempenho do nosso organismo. A paz e o amor incondicional – o maior remédio para todos os males, além de nos conectar mais a Deus.

- **Qualidade:** Doçura, carinho, harmonia
- **Defeito:** Tristeza, melancolia
- **Verbo:** Eu me sensibilizo!
- **Saúde:** Fertilidade, órgãos reprodutores femininos, útero, ovários
- **Chakra:** Umbilical e Cardíaco
- **Energia:** Oxum
- **Elemento:** Água
- **Signo:** Peixes

O Sol

Palavras-Chave: Crescimento, prosperidade

Simbologia: O sol alimenta e nos renova a cada dia. Sua energia transmite-nos beleza, força, brilho etc. Carta que simboliza crescimento, expansão, claridade, energia, criatividade. Fala de fatos sendo esclarecidos, prosperidade, fase de sucessos, ascensão, calor, intensidade, ego exaltado.

Indica-nos poder e glória, oportunidades de crescimento e expansão, caminho se abrindo, novo momento que renasce no horizonte, clareza mental e inteligência, poder mental.

O sol é a figura que sempre teve importância vital em todas as culturas da Antiguidade, ele é o centro da vida, fonte de energia, força e proteção. Quando se questiona sobre algum problema específico, pede que se tenha ânimo, fé, coragem e esperança.

Aspecto Positivo: Crescimento, expansão, esclarecimento, luz, brilho, claridade, prosperidade, inteligência, fartura, amplitude, energia, vontade, criatividade, coragem.

Aspecto Negativo: Falta de esclarecimento, limitação, ansiedade, estresse, perda de luz e energia, vontade fraca, desânimo, depressão.

Personalidade: Pessoa segura, forte, mas com tendências a ser possessiva. Pessoa alegre e, às vezes, até infantil. Brincalhona, adora festas e movimento. Tem grande sinceridade dentro de si.

Mensagem: Sempre há luz no final do túnel. A esperança existe dentro de cada um de nós.

- **Qualidade:** Fé, esperança
- **Defeito:** Ansiedade
- **Verbo:** Eu acredito!
- **Saúde:** Estômago, sistema nervoso
- **Chakra:** Plexo Solar
- **Energia:** Oxalá
- **Elemento:** Fogo
- **Signo:** Leão

A Lua

Palavras-Chave: Honrarias, merecimentos

Simbologia: Ao visualizarmos a lua iluminada no céu, conectamos com a nossa sensibilidade e emoções. A Lua fala de romances e também dos méritos que esperamos ter ao longo ou alguém (físico ou espiritual) que necessite ser glorificado, agraciado. É o mistério, o oculto, o segredo. Também representa a profundidade e o lado sensível das situações. A lua tem suas fases, também pode nos sinalizar a necessidade de aprendermos a esperar com paciência e serenidade os acontecimentos. Fala de nossa intuição e percepção.

É o lado enigmático, fantasioso, da mente criativa, dos nossos sonhos e fantasias (lado onírico), o mundo simbólico e arquétipo do inconsciente profundo. A poesia, a arte, a música, a dança, a boemia, a mediunidade e a paranormalidade são alguns dos aspectos relacionados à Lua. Ela fala de magia, convencimento sedutor, magnetismo, comunicação convincente, merecimentos. É o nosso valor sendo reconhecido e considerado por pessoas que nos rodeiam (casa, religião, sociedade etc.) ou pelo próprio plano espiritual.

Aspecto Positivo: Mérito, reconhecimento, esforço, reflexão, adaptação, sensibilidade, romance, intuição, magnetismo, mediunidade, influência psíquica, inconsciente.

Aspecto Negativo: Manipulação pela comunicação ou magia, sedução maliciosa, segredos ocultos, mistérios, depressão.

Personalidade: Humor instável, tendências a criar máscaras. Pessoas místicas, ansiosas e com tendências depressivas. Pessoas esforçadas, dignas de mérito, reconhecimento, sensível emotivas e muito ligadas à família.

Mensagem: Por meio de seus esforços, os méritos serão reconhecidos. Respeite a sensibilidade, pois ela é a ponte que conduz à intuição.

- **Qualidade:** Magia, sedução, romantismo
- **Defeito:** Mistério, depressão, algo oculto
- **Verbo:** Eu mereço!
- **Saúde:** Útero, ovário, psiquismo
- **Chakra:** Umbilical e Frontal
- **Elemento:** Água
- **Signo:** Câncer, Escorpião e Peixes

A Chave

Palavra-Chave: Soluções

Simbolismo: Uma chave tem por finalidade básica no mundo físico e no simbólico abrir ou fechar, dependendo do sentido e da necessidade que se tenha uma porta, janela, caminhos, soluções para problemas etc. Carta que representa o movimento que soluciona uma questão, mas que depende da abertura e interpretação que damos às oportunidades na vida. Resoluções de problemas, bem como de segredos, algo que está muito bem guardado, "a sete chaves". Simboliza as portas que se abrirão e que facilitarão nosso caminho de vida.

Algo que está servindo de indicador ou facilitador para que se decifre ou resolva algo. É preciso coragem e perseverança, pois a resposta que aguarda já está a caminho. Carta de grande potencial favorável. Recompensa justa, cármica. Pode indicar transferência ou promoção profissional (se a pergunta for direcionada a este aspecto).

Energias positivas com o sentido de solucionar nossos questionamentos, dúvidas e incertezas.

Aspecto Positivo: Solução, abertura de portas e caminhos, independência, prosperidade, êxito, elemento importante e decisivo.

Aspecto Negativo: Estagnação, difícil solução, segredo velado, impossibilidade, portas e caminhos fechados.

Personalidade: Adora ajudar o próximo. Não sossega enquanto não resolve o problema do outro. Pessoa que sempre tem uma palavra de consolo e uma solução para o problema.

Mensagem: Sempre existe uma solução para o problema, porém, devemos nos empenhar para a conquista de nossos objetivos. Não fique parado esperando alguma solução, nem adianta lamentar-se pelo que passou.

Somos os responsáveis pelas soluções que se apresentam em nossa vida, para isso depende exclusivamente de como plantamos nossas possibilidades.

- **Qualidade:** Otimismo
- **Defeito:** Estagnação
- **Verbo:** Eu movimento!
- **Saúde:** Boa, autocura
- **Chakra:** Básico
- **Signo:** Sagitário

Os Peixes

Os Peixes

Palavra-Chave: Matéria, dinheiro

Simbolismo: Temos na Bíblia grande referência para o simbolismo dos peixes, e um deles é a multiplicação e fartura, saciedade da necessidade física dos homens. O mar por si só sempre foi ícone de abundância e fartura, pois o peixe mata a fome de multidões. O peixe nada mais é do que o símbolo da materialização do desejo da abundância e riqueza contido no homem. É o organismo físico animal que habita os mares na sua multiplicidade e variedade de espécies marinhas, ao qual nos faz alusão à riqueza. A carta representa os elementos concretos, materiais, dinheiro. Trata de assuntos específicos ligados a realizações no plano físico, material. Fala que os maiores tesouros estão submersos na alma humana, no grande oceano do inconsciente, no plano dos sonhos desejos e precisa fluir para a superfície da água para receber luz e calor do sol (razão, consciência) para que possa obter corpo e forma (materializar-se).

Aspecto Positivo: Dinheiro, fartura, multiplicação, bens materiais, abundância, recompensas materiais, acúmulo de bens.

Aspecto Negativo: Escassez, desapego material, falta de prosperidade, pobreza, perdas materiais.

Personalidade: Pessoa que não sabe viver com pouco. Tem estilo para viver na fartura. Pessoa exagerada em relação a seus problemas (dramática). Fica mal-humorado, irritado pela ausência do dinheiro.

Mensagem: Precisamos descobrir o verdadeiro valor da riqueza, e ela está intimamente relacionada a nossas crenças, hábitos, valores, condutas etc.

- **Qualidade:** Ambição
- **Defeito:** Ganância, materialismo
- **Verbo:** Eu materializo!
- **Saúde:** Boa; problemas alimentares (intoxicação)
- **Chakra:** Básico
- **Elemento:** Terra
- **Signo:** Touro, Capricórnio e Virgem

A Âncora

Palavra-Chave: Segurança

Simbolismo: A âncora serve para estabelecer um ponto fixo de parada de uma embarcação, independentemente da direção da correnteza do mar. No seu aspecto positivo pode simbolizar estabilidade e no seu oposto, estagnação. Esta carta nos traz a ideia da firmeza, segurança, estabilidade e fé pessoal (aspecto emocional/mental) ou na vida. Pessoa segura e de personalidade firme, direcionada.

Traz-nos a sensação de proteção, livre dos abalos causados pela forte correnteza do mar (forte emoção). É quando paramos e ancoramos em nosso "porto seguro". Aconselha-nos a termos cuidado com situações que possam nos acorrentar, estagnar e limitar. Cuidado com a acomodação e a incapacidade de fluir naturalmente com a vida, de permanecermos repetindo velhos padrões de pensamento, comportamento e hábitos que nos tornam limitados para ver e sentir a vida.

A carta nos alerta também para termos reserva, investirmos apenas naquilo que é sólido, seguro para nós e para nossa família. Evitar o desperdício daquilo que nos assegura, nos sustenta, nos dá estabilidade (casa, trabalho/dinheiro etc.).

Aspecto Positivo: Segurança, firmeza, estabilidade, fortuna, êxito, concretizações, fé, direcionamento, investimento, solidez, sustentação, seguro, forte personalidade.

Aspecto Negativo: Insegurança, instabilidade, desproteção, estagnação, aprisionamento, falta de personalidade, falta de fé, ausência de objetivo, pobreza, falta de estratégia e objetividade, investimento inoportuno, perda.

Personalidade: Sua característica mais forte é a firmeza e a convicção em suas decisões. Pessoa que sabe o que quer, determinada. Fala de alguém com muita segurança de si e propensa à estabilidade de vida. Tendências à teimosia.

Mensagem: Sentir-se seguro diante de dificuldades e obstáculos é prova de maturidade e sabedoria, com isso você aumenta cada vez mais a sua possibilidade de conquista.

- **Qualidade:** Segurança
- **Defeito:** Dependência
- **Verbo:** Eu sou seguro!
- **Saúde:** Articulações, ossos, estrutura
- **Chakra:** Básico
- **Elemento:** Terra
- **Signo:** Touro

A Cruz

Palavra-Chave: Vitórias

Simbolismo: A cruz é um símbolo universal que está gravado no inconsciente coletivo, pois se verifica que centenas de anos antes do nascimento do Cristo Jesus já a utilizavam (povos pré-cristãos) como um símbolo de profunda relevância espiritual. Todos nós, ao olharmos para uma cruz, nos lembramos do exemplo do homem divinizado que teve passagem pelo planeta Terra e nos deixou profundas lições e ensinamentos. Apesar de toda incompreensão, crítica, calúnia, sofrimento, condenação, vividos por "Ele" injustamente, deixou-nos uma lição, dentre muitas outras, que a persistência faz parte da fé e a sabedoria e o sacrifício fazem parte de toda luta. A carta da cruz representa a vitória do espírito sobre a matéria. Fala de fé, de autoconhecimento, espiritualidade, sabedoria, redenção, renascimento e glória.

Simboliza também a vitória, a conclusão de um ciclo ou missão; questões que envolvem religião e espiritualidade também são seus emblemas. A carta nos fala do momento em que nossos objetivos são conquistados com êxito, nos mostra o término, a conclusão de algo. Aconselha-nos a lutar por nossos ideais com a certeza de que serão alcançados com sucesso.

A cruz representa as quatro direções, Norte, Sul, Leste e Oeste que desde eras remotas não serviam apenas para orientar a humanidade no plano físico (Planeta Terra), mas também significava (e ainda significa) caminhos espirituais, metafísicos, simbólicos, cujas direções possuem talentos e aspectos específicos. Cada direção ou elemento (Terra, Fogo, Água e Ar) possui etapas que requerem esforço pessoal e intenso aprendizado. A carta da cruz, que simboliza vitória em nossos caminhos, pode nos dizer que superamos e concluímos todas as etapas imbuídas por cada elemento e ou ciclos de vida (nascimento, crescimento, velhice, renascimento). Para conquistarmos a sabedoria plena é preciso viver bem e extrairmos o máximo de ensinamento de cada direção, elemento e ou ciclos de vida.

Aspecto Positivo: Vitória, conclusão, redenção, glória, término de ciclo, fé, autoconfiança, vitória do espírito sobre a matéria, sabedoria plena, conquista, liberdade, renascimento, prosperidade, ressurreição.

Aspecto Negativo: Sofrimento, autossacrifício, autopunição, falta de fé, desânimo, fanatismo religioso, sucumbir à prova, dominar e manipular a fé alheia, malefício.

Personalidade: Tendência a se doar demais para os outros e se esquecer de si. Sacrificar-se por quem ama altruísmo. Pessoa religiosa e de muita fé. Pode ser um líder religioso ou trabalhar como voluntário em algum projeto, ONG etc. Cuidado com fanatismo.

Mensagem: Todo sacrifício é válido se sentirmos o verdadeiro amor e fé de superarmos todas as etapas necessárias para conclusão de nossos objetivos a serem conquistados com o espírito de vitória.

- **Qualidade:** Força para vencer
- **Defeito:** Autossacrifício, autopunição
- **Verbo:** Eu venci!
- **Saúde:** Boa, pode sofrer de cansaço e debilidade geral
- **Chakra:** Cardíaco
- **Elemento:** Água
- **Signo:** Peixes

As doze flores do Dr. Bach e o Caminho Sagrado das Cartas Ciganas

Por meio dos florais podemos cuidar e tratar de sentimentos, emoções doloridas e antigas. Temos por hábito, sempre diante de uma dor ou sofrimento com algo, procurarmos um caminho rápido para solucionar a dor, achando que assim ela desaparecerá, o que é grande engano, pois muitas vezes não nos preocupamos em saber lidar com momentos de dificuldade que exigem de nossas emoções mais do que podemos dar. Nesse sentido, o Floral vem nos acompanhando como parceiro nessa descoberta e cura de sensações e sentimentos mal resolvidos. Aqui temos as Doze Flores de Dr. Bach, que estão associadas aos signos, como temos nas interpretações um ou mais signos para cada carta. Não aconselho ninguém a prescrever fórmula floral, porém é uma forma de entender a alma dos signos através das Flores dos Florais, e a partir daí despertar a essência terapêutica de cada um.

> "A vida não espera de nós sacrifícios inatingíveis, ela apenas pede que façamos nossa jornada com alegria em nosso coração e para ser uma bênção para todos aqueles que nos rodeiam. Se nós fazemos o mundo melhor com a nossa visita, então nós cumprimos a nossa missão."
>
> *Dr. Edward Bach*

Edward Bach foi um médico nascido em setembro de 1886, em Moseley, um povoado perto de Birmingham, na Inglaterra. Quando criança já mostrava sua identificação com a natureza e forte poder de concentração.

Aos vinte anos iniciou sua faculdade de medicina em Birmingham, especializando-se em bacteriologia, em imunologia e saúde pública.

Trabalhou muito na primeira guerra mundial cuidando de 400 leitos no hospital.

Dr. Bach começou a perceber a reação dos pacientes diante das doenças e como esta influía em seus cursos. Percebeu, então, que certos medicamentos eficazes para algumas doenças não curavam outras, e que alguns pacientes com o temperamento similar costumavam melhorar com o mesmo remédio, concluindo, por sua vez, que a índole tinha mais importância no corpo físico durante o tratamento.

Antes de se aprofundar nos estudos dos Florais, Dr. Bach desenvolveu uma vacina para doenças crônicas. Tentou aperfeiçoar essa vacina quando, em 1917, foi acometido por um mal incurável.

Passou por uma cirurgia e obteve um laudo médico que lhe dava apenas três meses de vida. Abandonou, então, o hospital e fechou-se em seu laboratório. Após um tempo recebeu sua cura e pôde concluir que um interesse absorvente, um grande amor ou um objetivo são fatores decisivos para saúde e para felicidade.

Aprendeu com sua experiência o equilíbrio emocional na cura de sua doença.

Em 1919 foi trabalhar como patologista em um hospital Homeopático em Londres, encontrou, então, várias semelhanças entre a Homeopatia e suas ideias. Aprofundou-se nos estudos de Hannemanh, o fundador da Homeopatia. Aos 43 anos já era um médico conceituado e respeitado por toda a Europa. Passou, então, a procurar um Remédio que elevasse as vibrações da personalidade, a fim de corrigir os conflitos entre o Eu Superior, e o Eu Inferior, que geravam os distúrbios e desequilíbrios nas pessoas. Passou a pesquisar as essências florais em 1930, com foco em sua própria busca de auto equilíbrio. Posteriormente, usou tinturas vibracionais, durante 6 anos sintetizou o sistema com 38 essências florais.

Quando percebeu a eficácia dos medicamentos compreendeu a ajuda que poderia dar à humanidade. Em 1936, conversando com um dos seus colaboradores, disse: "Minha tarefa está cumprida, minha missão neste mundo está terminada".

Semanas depois morreu dormindo.

Aprendendo um pouco com essa linda história de vida de Dr. Bach, podemos entender que nossa saúde depende de alguns fatores: Equilíbrio emocional, Harmonia espiritual (sem vínculo com religião) e saúde mental.

A partir dessa história de vida desse médico tão especial, acrescentei ao *Caminho Sagrado das Cartas Ciganas*, a jornada das doze flores dos florais, referentes à astrologia e seus signos.

Considerando que este trabalho tem por finalidade o autoconhecimento, não me aprofundarei nos florais, darei apenas um "empurrãozinho" para a alma terapêutica de cada um se desenvolver e quem sabe se aprofundar nessa técnica maravilhosa.

Por meio desta aproximação dos florais com as Cartas Ciganas, temos uma pequena base para entender como funciona o tratamento com Terapia Floral, não permitindo apenas com esse conteúdo a prescrição de fórmulas para tratamento. Para ser Terapeuta Floral existe uma formação e um estudo mais aprofundado. Neste trabalho acrescentei os Florais, pois estamos falando de lâminas que têm uma personalidade, uma índole e um temperamento. Então, com a definição mais aprofundada de cada personalidade pode-se enriquecer mais a interpretação.

O Dr. Bach se preocupou em cuidar de diferentes estados de espírito:
- Medo
- Terror
- Tortura Mental ou Preocupação
- Indecisão
- Indiferença
- Dúvida ou Desânimo
- Excesso de Preocupação com os outros
- Fraqueza
- Falta de confiança em si mesmo
- Impaciência
- Excesso de entusiasmo
- Orgulho ou insociabilidade

As Doze Essências de Flores Silvestres

- **Signo** – Essência Floral – Estado Mental
- **Áries** – Impatiens – Impaciência
- **Touro** – Gentian – Dúvida ou Desânimo
- **Gêmeos** – Cerato – Falta de confiança em si mesmo
- **Câncer** – Clematis – Indiferença ou tédio
- **Leão** – Vervain – Excesso de entusiasmo
- **Virgem** – Centaury – Fraqueza
- **Libra** – Scleranthus – Indecisão
- **Escorpião** – Chicory – Excesso de preocupação
- **Sagitário** – Agrimony – Tortura Mental/preocupação
- **Capricórnio** – Mimulus – Medo
- **Aquário** – Water Violet – Orgulho/insociabilidade
- **Peixes** – Rock Rose – Terror

Definição das Emoções de Cada Signo e suas Flores

Signo de Áries

Cardinal – Fogo
21 de março – 19 de abril

Este é o signo que define o tipo **IMPATIENS**. Por sua força primitiva e irresistível. Por representar o primeiro do zodíaco, pode representar a primavera e por sua vez a primeira flor.

É o mais primitivo do zodíaco. O ponto de equilíbrio de Áries se dá em nível de reconhecimento pessoal egocêntrico, existindo também em Áries uma natureza muito infantil, inocente, que pode não ser um sinônimo de virtude.

Pode ser uma criança muito levada! Essa personalidade é ilustrada na mitologia Grega como deus da guerra (Ares), e também conhecido pelos Romanos como Marte. A palavra chave dele é: "Eu Sou". Parecendo muitas vezes que esse nativo não consegue evitar, ele tem de se colocar em primeiro lugar. Audacioso, teimoso, corajoso e irreprimível, não tem malícia preferindo sempre sua abordagem direta que vem com uma grosseira frase. São pessoas de ação; fazem. Será um ótimo companheiro, caso você consiga seguir o ritmo do ariano.

IMPATIENS (*Impatiens Glandulifera*)

Como o próprio nome diz, as pessoas desse tipo sofrem de impaciência e irritabilidade. São rápidos em suas ações e pensamentos, entendem bem as ideias novas e se irritam com os que não conseguem acompanhá-lo. Preferem trabalhar sozinhos, sem ser incomodados com seu ritmo. A rapidez, às vezes, nem é necessária naquele momento, mas eles exigem mesmo assim. Ficam muito irritados quando uma doença os derruba limitando-os a algo, exigem uma cura rápida, muitas vezes não respeitando o seu tempo e natureza de restabelecimento. Não tendo disciplina nem controle de si, tendem a se acidentar.

Às vezes, enveredam por caminhos que os Anjos não podem pisar.

Muito raramente são sutis, os tipos Impatiens podem ser ríspidos e muitas vezes mal-humorados. Têm medo da frustração, porque esta acaba por exauri-los. A opção em trabalhar sozinhos pode ser por temerem a frustração, o que é muito melhor, pois tendem a jogar culpa nos outros quando o planejado não vai bem. Seu senso de independência excessiva pode levá-los à solidão.

Muito frequentemente afastam as pessoas com seus repentes – acusações e antipatia.

Não são líderes por intenção ou opção, sua natureza os conduz. O tipo Impatiens refere-se a pessoas construtivas, capazes. Suas decisões são firmes, costumam ter uma "estrela" boa tornando-os brilhantes no que se dedicam a fazer. Quando harmonizado esse tipo Impatiens pode ser um excelente líder, assume para si suas responsabilidades e defeitos, não jogando para os outros quando está desarmonizado. São superconstrutivos, prósperos e sua autossuficiência é controlada, ativando também seu lado imaginativo e criativo.

Signo de Touro

Fixo – Terra
20 de abril – 20 de maio

Este signo é o tipo **GENTIAN** sendo representado pelo elemento Terra, o que muito representa sua personalidade, pois sua obstinação é sua marca.

Por ser Vênus seu planeta regente, transmite a Touro o bom gosto pelo belo.

É o arquiteto do zodíaco, suas características demonstram essa energia em suas definições nos valores práticos e materiais. Suas prioridades estão na segurança e em suas metas.

Alguns acabam se tornando gananciosos e resistentes às mudanças, mesmo representando o aspecto material e o da construção de metas concretas; seus valores também são religiosos.

Também têm como expressão seus interesses espirituais, fazendo deles um conjunto de valores bem definidos. São muitas vezes suscetíveis às sugestões negativas, faltando-lhes, às vezes, fé. Duvidam de sua boa sorte acreditando em um destino repleto de má sorte. São pessoas queixosas que, frequentemente, utilizam-se de desculpas para interromper o que estão fazendo.

Por ter um temperamento resistente, acabam se deixando levar pela inércia, sentindo-se cada vez mais imobilizados. Por vezes, passam a imagem de preguiçosos, porém é mais provável que tenham medo de tentar o novo.

Mas, ao trabalharem seu equilíbrio, sua fé é inabalável no poder de Deus e nas forças que o ligam à sua natureza.

O tipo Gentian, quando construtivo, torna-se uma rocha de resoluções e determinações. Usa suas virtudes de fé, podendo proporcionar muito conforto às pessoas que o cercam. Usa suas inspirações para ajudar o próximo ou simplesmente é motivo de admiração por sua resistência.

Signo de Gêmeos

Mutável – Ar
21 de maio – 21 de junho

Associação de personalidade deste signo é o tipo **CERATO**. Gêmeos é o terceiro signo do zodíaco e por ser regido pelo elemento ar este é um signo mutável que representa o movimento. Sendo o ar o elemento que representa a inteligência, isso traz para o geminiano uma característica estudiosa.

Sua palavra chave é: "Eu penso", pois eles estão sempre pensando. Sua regência é o planeta mercúrio, seu dom primordial é o da comunicação, espontâneos, interessantes imprevisíveis, são indisciplinados e têm interesses diversificados. Não gostam de perdas, e acabam sofrendo dor de consciência como o tipo Cerato. Sua simbologia infere certa dualidade, muitas vezes confundindo-se com suas dúvidas constantes. Sempre com conflitos que o colocam em dois caminhos, podem fazer ou pensar em várias coisas ao mesmo tempo devido à sua agitação.

São pessoas inteligentes, de imaginação criativa e "brilhantes em suas ideias". Altamente sociáveis, amam tanto seus pensamentos inovadores e criativos que se irritam mais quando não podem usar seu discurso ou expor suas ideias.

CERATO (*Cerastostigma Willmottiana*)

As pessoas que precisam do Cerato não confiam em si e apresentam dificuldade de se autoavaliarem. Por ansiarem por informações constantemente aconselham os outros. Por não duvidarem dos conselhos e da índole das pessoas terminam por ser mal orientados.

O Tipo Cerato é inteligente, ingênuo, inseguro com suas habilidades, sempre agindo contrário ao seu próprio critério. Devido à sua natureza curiosa coloca em prática tudo que aprende.

Devido também à sua necessidade de diversificação, muda de opinião com frequência. Inconstantes, tagarelas, dispersos, as pessoas que precisam do Cerato conseguem cansar, às vezes, as pessoas ou com suas perguntas ou com suas ideias. Buscam constantemente por aconselhamento, parecendo não ter muita convicção das coisas. Como temem a cobrança costumam não terminar suas tarefas por causa da hesitação nervosa. Falta continuidade aos seus pensamentos e ações.

Admiram pessoas de opinião própria ou que entendem sua maneira excessiva de pensar.

O tipo Cerato é meio camaleão; por admirar pessoas de personalidade forte, tentam imitá-las muitas vezes descaracterizando sua própria personalidade.

O tipo Cerato é construtivo e equilibrado. Mostra-se confiante, sábio, utiliza sua criatividade para atividades que o retorne progresso; intuitivo, busca seus conselhos internos, não se baseando na opinião alheia.

Signo de Câncer

Cardinal – Água
22 de junho a 22 de julho

Este é o tipo **CLEMATIS**. Seu elemento é água favorecendo atividades emocionais muitas vezes turbulentas e constantes, assemelhando-se à oscilação do mar que se forma revolto por causa da influência Lunar. Segundo a Mitologia, Câncer (o caranguejo) foi recompensado por Hera recebendo um lugar aos céus em retribuição por sua lealdade à sua amiga Hidra quando atacada por Hércules. Seu brio tenaz e seu senso de fidelidade são parte de suas características.

Senso humanitário extraordinário faz as pessoas do signo de Câncer ter um desejo contínuo de defender os desamparados. Seu símbolo, o caranguejo, que troca a carapaça, representa o processo de morte e renascimento. Segundo os antigos Egípcios, Câncer é a mansão celestial da alma, cujo real anseio é o lar. Os cancerianos são amantes da família seja as que representam sua história de criação ou a família a que eles formam. Necessitam de estabilidade emocional muitas vezes fazendo disso seu único foco. São facilmente magoados e tendem a sentir autopiedade. Algumas pessoas deste signo, que estão em equilíbrio energético ou são mais conscientes, aprendem a ser sentimentais sem ser melancólicos. Amam sua intimidade, são bondosos, imaginativos, sua casa e seu coração são o refúgio para os seus amigos.

São regidos pela Lua (signo mãe) sendo protetores e amáveis, tornando-se indiferentes ou frios por fuga de uma dor.

CLEMATIS (*Clematis Vitalba*)

Pela própria interpretação de Bach, ele descreveu esse tipo como um grupo de indivíduos de olhar distante, indiferentes, sonolentos, sensíveis ao som; em alguns casos seu aspecto é pálido. Voltado para sua própria mente e para seus sonhos, pessoas que precisam de Clematis encontram-se em estado mental de indiferença.

Pouco atentos, preocupados com seus pensamentos, retraindo-se para dentro do mundo de irrealidades e fantasias, do mesmo modo que o próprio caranguejo em sua concha, diante da ameaça de dor ou desconforto.

Não fazem muito esforço para se livrar das doenças ou circunstâncias infelizes. Sendo altamente sensíveis, preferem se retrair. Embora sintam profundamente, parecem ter dificuldade em demonstrar que se importam, pois temem sua própria vulnerabilidade.

Os tipos Clematis preferem a solidão em alguns momentos.

Por conveniência apagam os problemas de sua memória. Sentem-se melhor vivendo do passado, enquanto anseiam pelo futuro, faltando-lhes muitas vezes ambição e direcionamento. Pelos estudos de Doutor Bach, esse tipo de personalidade Clematis precisa de mais horas de sono do que o normal, o que torna outro recurso para fuga de seus problemas. Quando construtivos dedicam-se a atividades sociais diversificadas e demonstram interesse pelo mundo ao seu redor. São atenciosos e receptivos, altamente criativos e intuitivos. Despertam a habilidade de prever o que os outros sentem por causa de seu sexto sentido. Humanitários e práticos, esse tipo muitas vezes se envolve em atividades beneficentes. Sua memória desenvolve grande potencial de retenção e lealdade, pessoas muito sinceras que podem desencadear sentimentos muito profundos.

Signo de Leão

Fixo – Fogo
23 de julho a 22 agosto

Este signo corresponde ao tipo **VERVAIN**. O sol como definição ideal aos "tipos" construtivos de Vervain. Sendo o sol planeta regente do signo de leão, sua natureza fixa no Fogo, portanto, de espíritos e aspirações constantes. Por causa desta influência podemos esperar de leão enorme orgulho. O animal que simboliza este signo personifica tal característica, também nos leva ao grande potencial de liderança as pessoas nascidas sob este signo.

Domínio é essencial à felicidade de qualquer leonino, dominando e criando sua exclusividade.

Procura ser o centro das atenções e sente-se no auge quando consegue mostrar sua capacidade de organização. Com bastante frequência os leoninos tornam-se a cabeça do empreendimento. Generosos, extravagantes, dominantes e mandões.

Suas tendências ao teatro e ao drama fazem parte deste signo, o tipo artista nato, em qualquer palco da vida. Sua natureza é inabalável e fiel àqueles a quem ama.

Este signo governa o coração, as afeições, o romantismo e o ciúme.

No seu aspecto negativo, o impulso de leão é o de convencimento e prevenção.

Muitas vezes, ridículo em sua superficialidade, torna-se muitas vezes cruel, intolerante, dogmático e egocêntrico.

VERVAIN (*Verbena Officinalis*)

Bach, perante as pessoas que precisam de Vervaim, afirmava: "Elas têm o entusiasmo e o estímulo de quem possui grande sabedoria, e o desejo ardente de trazer todos os demais para seu próprio estado, porém esse entusiasmo poderá criar obstáculos à sua causa. Vervain é o remédio contra o esforço em demasia. Ensinamos que é sendo e não fazendo que grandes obras são realizadas". Esse tipo sofre de excesso de entusiasmo e grande tensão pelo excesso de esforço. Defensores da justiça, podem cair facilmente no fanatismo, ou enlouquecer na busca do poder absoluto. Pessoas determinadas, de opinião firme que demonstram coragem diante do perigo e da adversidade. Impressionam a todos com seu entusiasmo. Gostam da liderança, do poder e acreditam mesmo que são "escolhidos". Falta um pouco de humildade para o tipo Vervain. Estão constantemente tentando transformar o mundo. Não toleram mediocridade e afronto.

A quem possa ousar questionar suas ideias, por isso constantemente estão discutindo. Sua sinceridade os leva muitas vezes à prepotência. As pessoas Vervain construtivas controlam suas paixões pessoais em seu mundo interior. Admiram também os méritos dos outros reconhecendo-os sem se sentir minimizados com o brilho alheio. Conhecem suas limitações e respeitam os conselhos dos mais sábios. Saem do papel da tirania para humildade do aprendizado. Conhecem suas limitações sem se envergonhar. Assim como o sol, são constantes e inesgotáveis podendo ocupar de forma grandiosa uma posição de primeira importância.

Signo de Virgem

Mutável – Terra
23 de agosto – 22 setembro

Este é o signo da conduta, chegando muitas vezes à repressão. Trata-se de um signo religioso que expressa sua natureza na necessidade de servir. Profissões que possam ajudar os outros é excelente para esse signo. Possuem um forte senso crítico analítico, detalhista e prático. "O amor pela economia é a raiz de todas as virtudes" – palavras de George Bernard Shaw que poderiam ser o lema deste signo.

A mente do virginiano atua da mesma forma que o seu corpo físico, digerindo e assimilando, tornando-se por vezes convencional demais por tentar ser certinho em excesso.

Seguros em demasia na rotina. Perdem muito com isso a "magia de viver".

Talvez nunca consigam compreender que na rotina não há magia, encanto.

Sincero e confiável, sua época representa a colheita, ele significa o pão que nos alimenta.

Sua conduta quando equilibrada é a correta, usando sua consciência para se autopunir quando algo sai errado. E em certas ocasiões, com o propósito de se defender, torna-se frio e indiferente.

CENTAURY (*Centaurium Umbellatum*)

Os virginianos são o tipo **CENTAURY**. Esse tipo mostra, ocasionalmente, falta de vontade que os torna vítimas fáceis de imposições ou exploração, chegando ao ponto da submissão.

Falta-lhes individualidade definida. Os tipos Centaury são tímidos, encabulados, sofrem de ansiedade exagerada. Fazem para agradar, sendo muitas vezes manipulados e dominados. Chegam a ser dóceis e facilmente usados por aproveitadores, pois têm dificuldade de dizer "não". Na maioria das vezes, pessoas abusam deles por causa de sua boa vontade.

Os tipos Centaury apresentam dificuldade em defender sua posição. Têm a mente ativa apesar de se cansar fisicamente.

Não gostam de fazer cena, desagrada-lhe discutir, pois sua postura não suporta escândalos.

O tipo Centaury construtivo sabe como e a quem servir. Usa a calma e a eficiência junto ao silêncio para suas investidas. São pessoas amantes da discrição. Optam por sua individualidade e missão à vida. São respeitadas como conselheiras sensatas e confiáveis.

Signo de Libra

Cardinal – Ar
23 de setembro – 22 de outubro

Em oposição à Áries ele marca a metade da roda do Zodíaco, caminho astrológico que cada alma deve percorrer. Marcando o Equinócio de Outono entramos no signo de Libra.

A questão da busca de seu equilíbrio é uma das preocupações deste signo. "Eu equilibro" esta é sua palavra-chave, e para esta personalidade significa fazer isso com todo seu senso de justiça. Mas esta jornada não é nada fácil para este signo que vive o fantasma da indecisão. Muito diplomático e elegante, demonstra sua imparcialidade durante as questões que exigem muitas vezes um posicionamento. O que não significa ficar em cima do muro, mas sim sua neutralidade. Sendo um signo cardeal de ar, sua intelectualidade e inteligência se fazem pelo fato de gostar de ler e, em consequência, podemos ter neste signo maravilhosos escritores.

Com seu jeito suave e amigo, os librianos estão dispostos às interações sociais nas quais adoram cooperar.

Gostam de se sentir harmonizados com ambientes e pessoas. Seguidamente, tais atitudes pela busca da paz a qualquer preço os fazem parecer indecisos.

Este é o signo do casamento e se reforça ainda mais por sua regência em Vênus. Para libra é natural compartilhar sua oposição ao signo de Áries, que tem por verbo "Eu sou" invertido por libra que diz "nós somos".

SCLERANTHUS

Este é o tipo que sofre por indecisão. Inseguro, facilmente desequilibrado e confuso. Muitas vezes não consegue resolver o que deve fazer seu comportamento em gangorra.

Sujeito ao esgotamento nervoso por ter extremos, por não ser muito resistente a momentos de indecisão. Sofre continuamente de náuseas ou vertigens. Sofre calado com suas indecisões, uma vez que não busca se aconselhar como o faz o tipo Cerato. Falta-lhe concentração, parece fazer o tipo "mole", por enxergar nos dois lados da questão e querer manter sua imparcialidade. Assegurar sua popularidade é uma de suas necessidades.

Os tipos construtivos Scleranthus são calmos, seguros e confiantes no poder de suas decisões. Equilibrados, moderados, refletem harmonia que sentem por dentro. Muitas vezes procurados por serem conselheiros. Esse tipo, quando construtivos, são aqueles que encontram o equilíbrio.

Signo de Escorpião

Fixo – Água
23 de outubro – 21 de novembro

Este signo é o tipo **CHICORY**. O mais misterioso de todos os signos; provocante, sedutor, regido pelos desejos e por tudo que representa o oculto, o sombrio e o misterioso.

Desafiador, ele é a representação do desejo, dos impulsos e da própria obsessão. Existe através da unificação de pesquisas mitológicas o conceito de escorpião estar sempre associado ao "espertalhão", aquele que abusa dos tolos e está sempre buscando beneficiar-se de forma dominante. Sua necessidade de ter o controle, às vezes, pode passar dos limites. É um signo que representa tudo que é profundo e oculto, nossos segredos da alma.

Também considerado o signo da redenção, da salvação. Representa a transformação da nossa existência, uma transição pela qual somos obrigados a passar para nos purificar.

Essa personalidade mescla respeito, reserva e desejo. Trata-se de indivíduos que dificilmente se revelam, tornando-se muito difícil de ser compreendidos. Poder, instinto, paixão, obsessão, controle, intuição, resistência são algumas palavras que definem esse signo.

CHICORY

Os tipos Chicory são pessoas que bloqueiam os impulsos para extravasar seu amor incondicional. Quando guardadas ou oprimidas as energias do amor e da sabedoria que deveriam fluir normalmente, tornam-se perigosas e poderão se tornar egoístas, egocêntricas pelo poder ou por qualquer tipo de cobiça.

Os tipos Chicory são ciumentos e possessivos, gostam de manter as pessoas sob seu domínio, gostam que se tornem dependentes deles. Adoram administrar a vida dos outros, são críticos, excessivos, chantagistas emocionais. Em momentos de contrariedade, recorrem ao papel de vítimas, criando até patologias para chantagear e sugestionar as pessoas com seu sofrimento, convencendo-as de fazer sua vontade. Diferentemente do tipo Centaury que tem seu martírio estoicamente suportado, o Chicory usa o seu para ostentar e criar drama.

Cobram das pessoas aquilo que julgam o correto para si. Porém, atrás dessa avidez natural do Chicory, existe uma grande necessidade de ser compreendido. Seu medo da dependência o faz querer sempre levar a melhor. Eles buscam uma companhia não para ter o companheirismo, mas sim pelo medo de não ser notado.

O tipo Chicory construtivo mostra-se abnegado. Trata-se de líderes que jamais pedem para alguém fazer o que eles não fariam.

Portadores de esforços ilimitados para ajudar o próximo e defensores dos fracos e oprimidos com muita coragem. Transformam o gosto pela briga em uma causa louvável.

Signo de Sagitário

Mutável – Fogo
22 de novembro a 21 de dezembro

Por ser um signo mutável, representado pelo centauro, combina qualidades que podem explicar o temperamento caprichoso e entusiasta daqueles que nascem sob esse signo. Resumindo este signo, do mesmo jeito que sua chama se acende pode se extinguir, às vezes, isso pode não ser exposto, pois o sagitariano disfarça bem, usando sempre seu bom humor.

Precisam ser encorajados para dar conta de suas tarefas, porém nem sempre deixam transparecer.

São cordiais, extrovertidos e muito otimistas. São esportivos e independentes, costumam agir conforme seu instinto, raramente seguem os conselhos que são dados. O sagitariano quando alimenta sua evolução espiritual é muito fervoroso.

Seu símbolo, o centauro, representa o triunfo das aspirações humanas sobre o instinto animal. Por ser um arqueiro, sua flecha aponta para o caminho "Reto e estreito" do iniciado. Segundo a mitologia, o Centauro Chiron foi um grande Mestre; o tipo sagitariano adora ensinar, sua inteligência e capacidade de raciocínio são grandes.

Os tipos AGRIMONY transmite muitas vezes a sensação de tranquilidade, na verdade disfarça muito bem sua mente tumultuada. Na aparência demonstra despreocupação, porém é apenas fachada para esconder seus problemas interiores.

O tipo Agrimony não gosta de argumentar, pois adora a paz, raramente briga, contudo quando entra em uma briga significa que está acima de seus limites.

Tem ótimo senso de humor, por isso são boas companhias. Embora independentes não gostam de ficar sozinhos.

Apesar do senso de humor que esconde o desconforto e as preocupações, são pessoas extremamente nervosas, ansiosas e temem muitas vezes a possibilidade de ter a independência tolhida. Temem ser presos ou restritos, uma vez que sua liberdade tem grande importância.

Podem recorrer ao álcool e às drogas ou a outros comportamentos compulsivos.

O tipo construtivo **AGRIMONY** é o verdadeiro otimista. Corajoso. Boa índole, alegre, capaz de sorrir na tristeza. Leva as preocupações na brincadeira, pois acredita no aspecto positivo da vida. Trata-se de pessoas pacíficas por natureza que gostam de alegrar o coração dos outros. Os sagitarianos são expansivos e amam a liberdade.

Signo de Capricórnio

Cardinal – Terra

22 de dezembro – 19 de janeiro

Por ser regido pelo planeta Saturno, criou-se uma reputação de ser frio, calculista, e algumas vezes um pouco mesquinho. De personalidade séria e um pouco reservada, não o faz totalmente sem humor, mas o utiliza apenas com pessoas do seu ciclo e quando se sente à vontade.

Costuma ter humor sarcástico ou satírico. Sabe sobreviver, pois o capricorniano tem capacidade incrível de usar muitos recursos de sobrevivência. Determinado, teimoso, obstinado e muitas vezes ambicioso.

Disciplinado, cobra a disciplina das pessoas, seguidamente tornando-se chato. Por ser de um signo que é regido pelo elemento Terra, o capricorniano busca sucesso material com muita determinação. Naturalmente, estrategista, tem muita força para ser voz de comando.

Se mal trabalhado pode exceder no egoísmo, tornar-se pessimista e excessivamente individualista e rígido.

Quando bem trabalhado, harmonizado, o capricorniano é altamente generoso, construtivo, pode se tornar verdadeira criança, fazendo oposição na maturidade excessiva do capricórnio ranheta. Sua natureza mostra-se alegre, descontraída e muitas vezes despreocupada.

Inspira sua natureza confiável, nobre, digna da amizade leal e muita proteção.

MIMULUS

Tipo que sofre medos, de origem nem sempre conhecida. Esses são medos inoportunos que chegam devagar e permanecem se alimentando de suas inseguranças, causadas por experiências do passado, e acabam abafando a força de melhoria pessoal.

Por ser um tipo com tendências materiais pode ter relações com o fato da insegurança de não concretizar. Não suporta a solidão porque se sente ignorado e isso o incomoda bastante, contrariamente, afasta-se um pouco de seus pares por ter uma personalidade demasiadamente individualista.

Detesta a ideia de não ser reconhecido, sente-se muitas vezes inseguro, por mais que demonstre um perfil mais duro.

É o tipo que questiona suas próprias fraquezas, não tem calor humano e senso de humor. Leva a vida com muita seriedade, gosta de ser respeitado e considerado.

O tipo **MIMULUS** construtivo vence seus desafios e supera seus obstáculos usando de calma e sabedoria. Determinado, é capaz de grandes empreendimentos ao longo do tempo.

Aprende e respeita a lei de causa e efeito, é íntegro, confiante e justo.

Signo de Aquário

Fixo – Ar
20 de janeiro – 18 de fevereiro

Este é o signo que apresenta expressões mais variadas do que qualquer outro signo. É o mais versátil e diversificado. Criativo, independente, altruísta, além de original.

Não é arrogante, porém, se orgulha muito de suas características, principalmente a de rapidez de raciocínio. Embora tenha tendências à liderança, sua forma de liderar é um pouco mais democrática e mais flexível do que a dos demais líderes. Verdadeiramente humanitário, ele usa sua capacidade de raciocínio não apenas para si, mas para ajudar o próximo, sempre dando um "jeitinho" de quebrar o galho das pessoas.

Regido por Urano, faz desse signo o tipo "Gênio", com uma inteligência invejável. São pessoas versáteis na hora de pensar, ricos em sua criatividade; seu poder intuitivo o faz muitas vezes ver além e ter a sensação de estar sempre à frente dos outros.

Por ser do elemento Ar, seu reino é o próprio céu, de onde saem suas imaginações e fantasias. Tem sua marca como regente do futuro. Seu símbolo nos mostra sua água jorrando sobre toda humanidade, o que dá a esse signo senso enorme de solidariedade. Imprevisível, excêntrico, esquecido, disperso e muito engraçado. Tem o lado da rebeldia e do descontrole de Aquário, aquele lado de ser revolucionário, não cumprir normas, ser desprendido, e muitas vezes agir na ilegalidade por ser o caminho mais rápido.

WATER VIOLET

Esse é o tipo que mostra sua natureza altamente profunda e reservada; gosta de manter certa distância dos demais. São pessoas orgulhosas e algumas vezes sentem-se superiores às demais pessoas.

Dotados de um grande equilíbrio, não têm o costume de interferir na vida alheia. Water Violet amam a liberdade e não gostam que sua vida seja vasculhada. São talentosos, criativos, inflexíveis, e essa rigidez reflete muitas vezes no seu corpo. Sentem a sensação de ter sido o escolhido "eleito", convencidos demais para tentar provar sua teoria. Esse é o tipo que não se preocupa em explicar nada e nem justificar algo, tampouco convencer alguém acerca de seus pontos de vista. Apesar de uma nítida indiferença, anseiam por reconhecimento e se sentem especiais, únicos...

Autossuficientes, confiam em si sem pensar na ideia da frustração. O tipo Water Violet é paciente, tranquilo, suporta as mágoas e tristezas, em silêncio, devido à sua natureza altiva e arredia. Essa maneira reservada pode ser o motivo do seu afastamento com seus pares. São capazes de prestar grandes serviços à humanidade os tipos construtivos do **WALTER VIOLET**. É possível que esse trabalho seja feito em silêncio apenas por motivos filantrópicos, sem interesses de exibicionismo. Respeitam o indivíduo e sua evolução, têm dignidade, equilíbrio, tranquilidade e expandem sua calma a todos que os cercam.

Signo de Peixes

Mutável – Água
19 de fevereiro – 20 de março

É difícil falar de peixes por ser um dos signos de personalidade mais difíceis de se compreender.

Isso faz parte de sua natureza mutável de água; às vezes, considerados camaleões por captarem a personalidade da última pessoa com quem tenham tido contato. Normalmente, não têm muita força de vontade, não têm ambição, em alguns casos sua identidade pessoal passa a ter pouca importância. É possível que isso, às vezes, aconteça porque os piscianos procuram se identificar com algo maior que eles. Signo que representa abnegação, devoção, fé e por isso representa tão fortemente a religião.

Sua palavra-chave é: "Eu Creio", acabam respondendo de forma confusa suas aspirações mais elevadas e seus desejos sexuais.

Os piscianos carregam dentro de si enorme compaixão, sensibilidade; são indecisos, sonhadores, dramáticos.

Suas dualidades são: entre o amante romântico e o otário, místico devoto ou alucinado.

ROCK ROSE

Esse é um floral indicado em casos de emergência, ou para crises violentas de terror.

Faz parte do buquê famoso de Dr. Bach chamado Rescue. Esse é o tipo agudo, de pessoas que sofrem de efeito cumulativo e da sensibilidade marcante para estes tipos de ataques. O tipo Rock Rose torna-se, às vezes, energeticamente insuficiente, uma vez que se esgota com seus temores. Seguidamente, esses temores não são admitidos e causam manifestação de profundo desespero, com crises de choro e melancolia. Torna-se esponja emocional, sente muito medo de ficar isolado, abandonado.

Pessoas do tipo Rock Rose praticam a verdadeira empatia, sacrificam-se pelos outros, são abnegadas, amam porque sentem a natureza do amor, "Fazem o bem sem olhar a quem"; são autênticos, altruístas, mas de forma muito consciente; são verdadeiramente espirituais e evoluídos.

Fonte: Astrologia e os Remédios Florais do Dr. Bach, "Os doze Remédios do zodíaco" – Peter Damian – Ed. Pensamento.

O Poder dos Elementos e Elementais

Por serem amantes da natureza, o povo cigano zela e respeita sua energia e por isso tem a terra como "sua casa". Os elementos são muito utilizados em seus rituais. Esse trabalho sobre os elementos e seus elementais é fruto de uma pesquisa, não afirmo por aqui a existência deles, porém vamos conhecer um pouco mais sobre os Elementais. Muitos afirmam terem visto esses encantados, contudo neste trabalho apenas quero acrescentar conhecimento a esta pesquisa, não adentrando assim a crença de ninguém. Os Elementais são seres divinos que podem estar no nosso cotidiano...

Os Elementais da Natureza

São energias que protegem e harmonizam a natureza. Tendo ligação com os quatro elementos, estão constantemente presentes em nossa vida.

Pesquisadores do assunto dizem que eles vivem de trezentos a mil anos antes de desintegrarem e voltarem ao seu elemento predominante. Pessoas com mais sensibilidade têm capacidade de vê-los, pois, apesar de serem focos de luz, podem reunir matéria densa em volta de seus corpos tornando-se visíveis.

Podem possuir formas variadas dependendo do elemento a que pertencem.

As Funções dos Elementais da Natureza

- **Os Gnomos:** Responsáveis pelo crescimento das plantas e de outras manifestações ligadas à terra.
- **As Ondinas:** Representantes diretas das águas.
- **Os Silfos:** Representam os ventos, nuvens e tudo que envolve ar.
- **As Salamandras:** Estão ligadas à energia do fogo.

Vamos aprender um pouco mais sobre esses encantados.

Elementais da Terra

TERRA é o elemento feminino, representa tudo o que é fixo, sólido, coesivo, da união, úmido, reprodutivo, cristalizado, concretizado, limitado. Representa o nosso corpo físico, a terra (corpo físico do nosso planeta) e tudo que está plantado sobre ela. Por ter a característica de gerar e nutrir ganhou o título em várias culturas pré-cristãs de "Grande-Deusa", "Grande-Mãe" ou "Mãe-Terra". Ganhou tais títulos por nos receber no nascimento dando-nos bases sólidas para caminharmos, alimenta-nos durante todo o nosso ciclo de vida e nos guarda após a morte (recebe nosso corpo físico). Sua magia envolve a prosperidade, o equilíbrio, os trabalhos, negócios, dinheiro e materialização de objetivos, projetos, por exemplo.

- **Dom:** Psicometria
- **Poder:** Cura, sabedoria
- **Sentido:** Tato
- **Estação:** Inverno
- **Hora:** 00:00 hs (meia-noite)
- **Animais:** Touro/vaca, búfalo, bisão, cobra (da terra), serpente, tartaruga, veado, antílope, gato, pantera

- **Objeto:** cristal, moeda, pentáculo
- **Naipe:** ouros
- **Cores:** verde, marrom, preto, branco
- **Elemental:** Gnomos
- **Ervas:** confrei, cordão de frade, manjericão roxo, pinhão roxo, aroeira, cipreste, arruda, barba de velho (em geral, todas as ervas)
- **Grãos:** cevada, milho, arroz, trigo, centeio.
- **Incenso:** mirra, benjoim, incenso, capim cheiroso
- **Pedras:** Obsidiana, ônix, hematita, ametista, quartzo fumê, turmalina negra, pirita, olho de tigre
- **Signos:** Touro, Virgem e Capricórnio

Como saudar os elementais da terra

Eles nos ajudam na resolução de problemas de ordem material: dinheiro, trabalho, cura física etc.

Para pedir ajuda aos elementais da terra basta ficar descalço sentindo a energia da terra. Pode deitar se quiser de barriga para cima, de preferência que seja em local bem arborizado. Inspire e expire três vezes sentindo a respiração fluir de forma natural, conecte-se com seu corpo físico, seu peso ao qual a ação da gravidade exerce sobre ele, conecte-se com a força Terra-Mãe, mata floresta etc.

Se tiver cristais, faça um círculo de cristais e deite-se dentro dele. Depois de trocar energia com a terra diga as seguintes palavras:

"Eu vos saúdo, elementais da terra
Gnomos seres responsáveis pela sua harmonia
Sob vossa responsabilidade materializa-se
A fortaleza da Mãe-Terra
Ajudai-nos a transmutar e a construir
Bases sólidas e corretas em nossos projetos

Vocês que possuem a magia dos segredos ocultos
E que cuidam para que a árvore possa ficar frondosa
Faça-nos dignos de vosso auxílio,
Seres encantados da terra
Peço por mim e pela humanidade
Que a terra cure, harmonize e prospere também
A vida de meus irmãos
Assim seja."

Algumas Espécies de Elementais da Terra

GNOMOS – São os mais próximos dos humanos por terem o corpo menos etéreo. Quem já os viu os descrevem como seres de baixa estatura, gordinhos e atarracados. Segundo Paracelso (que viveu no séc. XVI e escreveu o livro "Filosofia Oculta") os gnomos falam, dormem, casam-se, têm filhos e constroem habitações em pedras que atravessam com facilidade.

O sensitivo inglês Geoffrey Hodson descreve os Gnomos em seu livro "O reino dos Deuses", que são magros com aparência, às vezes, grotesca, braços e pernas compridas desproporcionalmente.

DUENDES – São bastante conhecidos, pois sua imagem popularizou-se por lendas e histórias infantis. Têm a aparência de um camponês europeu da Idade Média. Usam botas, cintos largos, um barrete bem pontudo ou chapéu de abas. São ágeis, medem cerca de 15 cm e são barbudos. Uma observação importante é que sempre que for pedir algo aos elementais, é importante nunca pedir só para si, lembre-se sempre de pedir em prol de outras pessoas ou de todos que habitam a terra.

ELFOS – Têm pés e mãos desproporcionais, às vezes, apresentam-se ora na forma humana, ora na forma de animais. Suas orelhas são bem pontiagudas, nariz grande, boca bem larga e sem dentes. Sua pele é marrom brilhante.

FADAS – São bem conhecidas por causa dos contos infantis. Sua aparência é juvenil e seu tamanho é minúsculo. Suas roupas lembram camisolas delicadas, são dóceis e sensuais. Apesar de representarem a terra, também podem representar o ar, pois passam horas batendo suas asinhas. Gostam de bosques e jardins. Depois que duas irmãs inglesas fotografaram fadas em seu jardim é que se difundiu mais a existência de seres encantadores.

HAMADRÍADES – Conhecidas também como o espírito das árvores, elas vivem e morrem nas plantas que estão fazendo parte, desde uma árvore até uma singela flor. São seres de essência feminina, têm a pele amarelo-esverdeada. Não são muito afetadas pela gravidade, movem-se no ar e caminham livremente pelos troncos como se estivessem caminhando em terra sem planta.

Elementais da Água

São seres adoráveis, amáveis e sua imagem é belíssima. Dominam rios, mares, lagos, as essências, bem como tudo o que é líquido.

O habitat desses elementais são as cascatas, correntezas e espumas produzidas pelas quedas d'água. Pântanos e lagoas também são moradas para eles. Existem lendas que falam de sua grande proximidade com os humanos. Suas figuras são representadas pelas sereias que mostram a aproximação com os humanos. As ondinas também podem ser bem pequenas habitando riachos e fontes. Existem aquelas que moram em folhas flutuantes e pequenas.

ÁGUA é o elemento fluente, a inconstância, a fertilidade, a absorção e a germinação. Representa nosso subconsciente e inconsciente por estar em constante movimento, assim como o mar. É responsável por toda a limpeza, em todos os sentidos.

- **Direção:** oeste
- **Rege:** emoções, sentimentos, coragem, amor, ousadia, tristeza, o oceano, as marés, lagos, lagoas, córregos e rios, nascentes e poços, intuição, a mente inconsciente, o útero, geração, fertilidade etc
- **Dom:** telepatia
- **Poder:** intuição
- **Sentido:** paladar
- **Estação:** outono
- **Hora:** 18hs (crepúsculo)
- **Animais:** peixes, golfinhos, baleias, cobras (d'água), animais da água
- **Objeto:** cálice, taça
- **Cores:** azul, verde, cinza, índigo, preto
- **Naipe:** Copas
- **Elemental:** ondina
- **Ervas:** artemísia, lavanda, mil folhas, amor-do-campo, colônia, oriri, plantas aquáticas etc.
- **Incenso:** verbana, lavanda, alfazema, rosas, sândalo, jasmim
- **Pedras:** água-marinha, sodalita, quartzo rosa, turmalina melancia, esmeralda
- **Signos:** Câncer, Escorpião e Peixes

Algumas Espécies de Ondinas

SEREIAS – uma das figuras mais conhecidas com grande influência na mitologia. Gostam de cantar e têm por característica seu corpo metade mulher, metade peixe. Dizem que atraem através de seu canto.

DAMAS BRANCAS – semelhantes à imagem feminina, são esguias e muito bonitas. Vestem-se de roupa longa.

Bebês d'água – têm o poder de recarregar nossa energia. Sua aparência remete a bebês gorduchos. Habitam cachoeiras e riachos.

Como Invocar as Ondinas

As ondinas estão relacionadas a problemas sentimentais, emocionais (corpo astral), subconsciente etc.

Para pedir ajuda aos elementais da água, é necessário se conectar ao elemento com um gesto singelo. Pode ser na praia, cachoeira, riacho, um som com fundo de queda d'água, se quiser, poderá tomar um banho de banheira ou colocar em um pote com água algumas gotas de água de cheiro ou essência, conectar-se com os elementais da água e tomar banho etc.

Em conjunto com o ato de sua preferência, concentre-se em suas emoções e sentimentos, sinta as batidas de seu coração. Inspire e expire exalando emoções indesejadas (medo, insegurança, raiva etc.). Ao se banhar, imagine-se descarregando toda impureza de seu corpo e alma, deixe que esses elementais renovem suas energias emocionais permitindo-lhe fluir positivamente com as energias do amor, da alegria, do perdão etc.

Após trocar energia com água diga as seguintes palavras:

"Eu vos saúdo elementais da água
Guardiões dos sentimentos e do equilíbrio emocional,
Limpe e purifique nossa alma
Ensina-nos a ser sensível, intuitiva e segura
Que a água, elemento tão precioso
Possa trazer-me mudanças e renovações
Necessárias em minha vida
Faça-nos dignos de vosso auxílio
Encantados da água
Peço por mim e pela humanidade
Que as águas também purifiquem, fertilize
E renovem a vida de meus irmãos
Assim seja!"

Elementais do Fogo

De todos os elementais este, com certeza, é o mais perigoso. Neste reino estão inclusos salamandras, dragões e lagartos com calda de fogo. Eles são diretamente ligados à transformação, assim como o elemento que as representam. Estão associadas à criação e à destruição, do mesmo modo que os demais elementais que quando terminam seu ciclo se desintegram voltando ao elemento de origem (neste caso o fogo).

Atuam em nossas vidas sobre emoções e instinto. Geralmente, têm mais influência em pessoas impetuosas e explosivas.

Perigosas e poderosas, por desencadearem fortes correntes emocionais que se não bem direcionadas e trabalhadas, podem prejudicar os seres humanos.

Existem salamandras que vivem em vulcões e elas se dividem e se apresentam de várias maneiras. Paracelso nos diz que elas podem ser vistas como bolas de fogo, dragões ou lagartos com calda incandescente.

Segundo Geoffrey Hodson, as salamandras assemelham-se a seres humanos em torno do rosto, têm correntes de energia luminosas em forma de cabelos. O rosto tem formato triangular, com olhos brilhantes, queixos e orelhas pontudas, cabeça envolvida em chamas de fogo vermelho-alaranjado. Medem de 70 cm a 6 metros.

FOGO é o elemento masculino radiante, ativo, instintivo, vital, luminoso, criativo. Representa o poder da vontade, da ação, paixão, sexualidade ardente, luminosidade, luta criação/destruição, eletricidade. Sua magia envolve energia, autoridade, sexo e a destruição pela queima de energia negativa.

- **Direção:** sul
- **Rege:** espírito, instinto, paixão, intuição, sexualidade, purificação, energia, vigor, autoridade, cura, transformação, desejo, calor, vontade, sol, vulcões, erupções, explosões, sangue, vida, ação, luta, destruição, vitalidade, luz

- **Dom:** vidência
- **Poder:** espírito, purificação
- **Sentido:** visão
- **Estação:** verão
- **Hora:** 12hs (meio-dia)
- **Animais:** serpente, dragões de fogo, cavalo, cobra, leões, águia
- **Objeto:** bastão, vela
- **Naipe:** paus
- **Cores: vermelho,** laranja, dourado, branco
- **Elemental:** salamandra
- **Ervas:** alecrim, pimenta, urtiga, ipê roxo, urucum, elevante, pedra do sol, vence demanda etc.
- **Incenso:** alecrim, almíscar, patchouli, canela, dama-da-noite, madeira
- **Pedras:** granada, jaspe de sangue, opala, ágata de fogo, citrino
- **Signos:** Áries, Sagitário e Leão

Como Invocar Salamandras

Apesar de sempre pedirem muito cuidado ao invocar esse Elemental, as salamandras também nos favorecem e têm suas funções com bem-estar físico e cura de algumas doenças. Também atuam na vontade, vitalidade, sexualidade, instintividade, ação, dinamismo, força.

Acenda uma vela na cor laranja ou vermelha, inspire e expire, perceba a energia vital que anima todo o seu corpo e sua capacidade de transformar o ser e a vida. Olhe por alguns instantes a vela e perceba os movimentos da chama; se possível, coloque uma música cigana ou flamenca e deixe fluir sua sensualidade através da dança.

Depois de trocar energia com o fogo diga as seguintes palavras:
"Eu vos saúdo espíritos do fogo
Com respeito e admiração
Venho pedir-vos equilíbrio aos meus instintos
Força, coragem e ação a todo
Instante que for necessário em minha vida
Que minha sensualidade que seja a
Expressão da beleza, vigor e coragem que
Transborda em minha alma
Num ritmo harmônico na dança da vida
Peço por mim e pela humanidade
Que o fogo também ilumine, dinamize e transforme
A vida de meus irmãos
Assim seja!"

Elementais do Ar

São conhecidos como escultores do mundo mágico, segundo Dora Van Gelder em seu livro "Mundo Real das Fadas".

São pequenininhos seres que brincam e dançam no ar, criando formas nas nuvens, são bondosos e delicados. Estão associados a atividades intelectuais, artísticas e sonhos de um modo geral.

Conhecidos como Silfos, esses seres costumam se apresentar com formas prateadas ou tons suaves de azul ou rosa claro. Suas formas variam de um cometa de luz à semelhança com anjos. Comunicam-se através de sons que parecem assobio do vento e se movem com grande velocidade no ar. São excelentes companheiros para trabalhar a intelectualidade e a criatividade mental. Por apresentarem forte ligação com as crianças (por serem muito imaginativas), tentam criar formas no ar de acordo com o pensamento mágico das crianças.

AR é o elemento masculino, seco e expansivo, ativo, reflexivo, vital, luminoso, criativo. Representa o poder do saber, da inteligência e da comunicação. Representa movimento constante. Sua magia envolve viagens, instrução, liberdade, conhecimentos, descoberta de mentira, coisas escondidas

- **Direção:** leste
- **Rege:** mente, conhecimento, sabedoria, inteligência, discernimento, trabalho psíquico, intuição, mente criativa, teoria, conhecimento abstrato, comunicação, picos, cumes, montanhas, planícies, vento, brisa, vendavais, respiração, reflexão, energia vital, movimentação, ensino, desvendar
- **Dom:** telecinésia
- **Poder:** intelecto, razão
- **Sentido:** olfato
- **Estação:** primavera
- **Hora:** 06h (amanhecer)
- **Animais:** borboleta, águia, falcão, gavião, condor, pássaros em geral
- **Objeto:** atame, espada, incenso
- **Naipe:** espadas
- **Cores:** amarelo, branco
- **Elemental:** Silfo
- **Ervas: sálvia**, violeta, olíbano, eucalipto, Macaé, valeriana, cidreira, angélica
- **Incenso:** olíbano, benjoim, ananda, lótus
- **Pedras:** quartzo branco, ametista, topázio, diamante, aventurina, lápis lazuli
- **Signos:** Gêmeos, Libra e Aquário

Como Saudar os Silfos

O elemento ar representa a capacidade de raciocinar, movimentos rápidos, mudanças, a visualização plena e a arte do saber. É o voo mágico que transcende os limites do eu físico material. Elevar a mente, expandir a consciência ilimitada e voar nas alturas junto com a águia.

Acenda um incenso de sua preferência, concentre-se em sua respiração, que é o próprio ar trazendo energia vital ao seu organismo. Inspire e expire (fazendo ecoar um leve assobio), eliminando da mente quaisquer pensamentos indesejados; deixe a mente livre para que a energia dos Silfos possa atuar. Agora tente se imaginar voando ou bem no alto de uma montanha aonde possa sentir a pureza do ar e o vento que sopra no seu rosto e em todo o seu corpo. Perceba a manifestação de Deus no ar, pois podemos senti-lo, embora não possamos vê-lo.

Depois de trocar energia com o ar diga as seguintes palavras:

"Eu vos saúdo elementais do ar
Que sua brisa possa soprar em minha mente
Auxiliando-me sempre aos bons pensamentos
Que o raciocínio lógico e pleno
Possa me acompanhar e transcender
A razão da consciência ilimitada
Que o dom do saber seja a
Arte do meu espírito e a inteligência
A cura da mente que paira sobre
Os limites trevosos da ignorância
Que a humanidade entenda sua missão
E receba suas mensagens
Que o esplendor da vossa luz ilumine
Minha alma e alimente meu espírito
Peço por mim e pela humanidade
Que o ar também possa expandir
Ensinar e inspirar
A vida de meus irmãos
Assim seja!"

A Magia das Cores

A cromoterapia é a terapia que utiliza a energia das cores, foi empregada na era de ouro na Grécia e nos tempos de luz e cor de Heliópolis, no antigo Egito. Tem por função harmonizar, limpar e até auxiliar na cura de algumas doenças de nosso corpo espiritual, emocional e físico.

Como este livro tem a função de trabalhar o autoconhecimento através das lâminas do baralho cigano, vamos conhecer um pouquinho mais dessas cores.

AZUL – é uma das mais importantes cores, pois tem múltiplas funções, principalmente por sua ação sobre o sistema nervoso, sistema muscular, circulatório, órgãos e pele.

É calmante e reajustador de energia, músculos e pele.

Trata-se de uma cor suave, que proporciona tranquilidade, paz, harmonia e afetuosidade.

Está relacionada a atividades intelectuais, assim também meditações. Ajuda a encontrar calma e a trabalhar a segurança e o equilíbrio. Representa o feminino, a integridade, a confiança e a paz de espírito.

VERDE – É a cor do equilíbrio, é relaxante, auxilia nos processos infecciosos. Normalmente é empregada para limpeza áurica. Regenera os órgãos abdominais. Representa firmeza, perseverança, resistência e esperança. Também estimula a proteção, o amor-próprio, a autoafirmação e o otimismo.

É a cor da natureza, simboliza a limpeza em todos os sentidos e representa a força e a regeneração.

AMARELO – Simboliza a energia vital, atividades mentais, contribui para a regeneração dos problemas ósseos e medulares, auxilia no tratamento de cálculos renais, vesiculares. O amarelo representa a energia formada pela natureza cósmica, que a tudo revitaliza e reproduz. Atividade mental, no aspecto físico energia espiritual, na área do Espírito. Energia positiva. Como estimulante das funções peristálticas dos intestinos, é usado com enorme eficiência sobre os processos de prisão de ventre.

LARANJA – Resultante da mistura do Vermelho com o Amarelo, portanto, uma energia intermediária um pouco mais fraca que o Vermelho e um pouco mais forte que o Amarelo. Sua função revitalizadora favorece a autoestima e a autovalorização. É revigorante e energizante. Sua ação se fará sempre necessária nos problemas que exigem dentro do grupo de cores uma energia mais forte e mais densa.

ROSA – O Rosa é uma cor benévola que nos anima e vivifica. É a cor do coração, no sentido poético, mas com a qual poderemos socorrer as nossas funções cardíacas. Além disso, é a cor do Prana que recebemos através do Chakra Esplênico – grande condutor espiritual do baço físico. É dirigido exclusivamente à Corrente Sanguínea, funcionando como ativador, acelerador, alimentador, queimador de gorduras, desobstrutor, cauterizador e eliminador de impurezas operando verdadeiros fenômenos para não dizer "milagres".

LILÁS – O Lilás substitui o violeta do espectro solar. É o nosso paralisador de infecções. Possui uma vibração bem mais profunda.
A importância da sua função destaca-se pela atividade da sua vibração em todos os tratamentos físicos, internos ou externos, de caráter inflamatório ou infeccioso. O Verde e o Azul são sempre seus grandes companheiros nos tratamentos.

ÍNDIGO – O Índigo é o nosso coagulante e, como tal, atua exclusivamente sobre a Corrente Sanguínea. Sua ação benéfica, em todos os sentidos, faz-se sentir com incrível rapidez. O índigo tem sido o mensageiro do alívio e do socorro com a sua maravilhosa vibração.

(Fonte: "Compêndio Científico da Cromoterapia"
– René Nunes/LGE Editora)

Utilizando as Cores para Harmonização do Corpo e da Mente

Arrume uma garrafa de vidro branco transparente, e com uma tinta apropriada para pintura de vitral pinte sua garrafa na cor desejada, deixe 1 hora no sol para energizá-la e depois beba de sua água pedindo o que precisa nesse momento. Exemplo:

- **Verde:** equilíbrio
- **Azul:** calma
- **Amarelo:** força
- **Laranja:** autoestima
- **Lilás:** transformação/ equilíbrio espiritual
- **Rosa:** amor, sensibilidade
- **Índigo:** cura de ressentimentos e mágoas

O Universo Sagrado dos Orixás

As Cartas Ciganas não nos obrigam a conhecer o universo das divindades africanas. Até por serem de cultos diferentes não devem se misturar, porém muitas vezes quando as jogamos elas se apresentam para dar um recado em forma de energia, não na forma original a qual são cultuados, o que evidencia que não se pode afirmar ou confirmar Orixá de ninguém através do Baralho Cigano. O importante é respeitarmos cada cultura e sua tradição, entretanto, coloquei nas interpretações a vibração dos Orixás e falarei um pouco deles.

O Mensageiro

EXÚ – Nas nações de candomblé se apresenta como Orixá, é o mensageiro, aquele que leva nossos pedidos a Orum (Céu). Muito ativo, é o senhor da criatividade e movimento, da sexualidade e não se faz nada antes de agradá-lo. Na Umbanda temos o famoso "Povo de Rua" que vem ser chamado também de Exú e Pombagira, porém devemos saber diferenciar; as entidades de Umbanda são espíritos que já encarnaram e são nossos guardiões por excelência, mas são espíritos. E a diferença é que no Candomblé Exú é energia.

O Caminho

OGUM – Com muito carinho falo deste Orixá, guerreiro destemido, aquele que abre nossos caminhos e vence nossas demandas, de temperamento um pouco explosivo, briga por quem ama e não mede esforços para proteger seus filhos. Porém, além de ser o Orixá do caminho é também o Senhor do progresso, pois foi Ogum quem descobriu a utilidade do ferro, tornando-se assim um dos responsáveis por nosso desenvolvimento. Chamado de "O Senhor da guerra", eu o reverencio como Senhor do caminho...

A Árvore

OXÓSSI – Caçador, guerreiro, irmão de Ogum. Na Umbanda é o Orixá responsável pela linha dos Caboclos; esse é o Orixá da fartura, prosperidade, da mata. Ensina-nos a ir em busca do que queremos; seu temperamento tende a prezar pela liberdade e aventuras.

A Montanha

XANGÔ – Foi o Rei de Oyó, é representante da Justiça e é a quem nos reportamos quando nos sentimos injustiçados, porém o cuidado em pedir algo para Xangô vem da visão que o Orixá tem sobre "Justiça". Muitas vezes nosso ponto de vista é tendencioso à autodefesa, e na visão do Orixá, Justiça é Justiça. Casado com Oxum, Oyá e Obá, é o dono das lendas que envolvem o galanteio e as conquistas amorosas. De temperamento quente, é um guerreiro que tem por regência o fogo e o trovão.

A Foice

OBALUAÊ – Orixá da cura, suas palhas, muito diferentes do que se pensa, cobre sua luz que é tão forte que pode ofuscar os olhos de quem ousar a olhar. É conhecido como Médico dos pobres, aquele a quem nós recorremos quando algo na saúde não está bem. Segundo suas lendas foi tratado de suas chagas e criado por Yemanjá, porém era o filho de Nanã que foi entregue pela mesma ao mar. Na Umbanda é responsável pela linha das almas.

O Sol e a Cruz

OXALÁ – Existe uma diferença enorme entre o culto da Umbanda e o do Candomblé principalmente no que diz respeito aos Orixás. Por exemplo, Oxalá na Umbanda é regente maior sincretizado como Jesus Cristo. No Candomblé, Oxalá é um orixá que tem por referência duas qualidades: a nova Oxaguiã, o guerreiro, e Oxalufã, o ancião. Importante respeitar as duas visões, porém por ser uma religião sincrética a Umbanda traz a referência dos Orixás, mas os cultua de forma diferente.

O Navio

YEMANJÁ – Mãe das águas salgadas, senhora do mar, muito conhecida por ter seu culto espalhado por muitos seguidores independentemente da religião. Quem não coloca suas palmas no fim do ano? É no mar que deixamos muitas vezes o peso, a carga e a dor. Iemanjá é mãe de todas as cabeças, cuida de seus filhos com muito amor. É aquela que lava nossa alma e nos dá colo quando precisamos.

O Lírio

OXUM – Mãe das águas doces, senhora da fertilidade, é conhecida por ser a senhora do ouro, da riqueza, representante direta do amor, nos protege com suas águas. Recorremos a ela quando estamos com problemas afetivos, pedimos a doçura e o amor verdadeiro em nossos caminhos. A ela também é atribuído o ouro de nossas vidas, nossa prosperidade e fartura. Sedutora, tem suas características semelhantes às de Afrodite. Responsável também pela vidência e facilidade de mexer com magia.

As Nuvens

OYÁ – Senhora dos Ventos e das tempestades, esposa de Xangô, e em muitas lendas também foi esposa de Ogum. É a guerreira que vem lutando junto com Xangô para defender e honrar aqueles que merecem sua proteção. Sedutora, porém, diferente de Oxum que usa sua docilidade, Oyá tem um ar mais selvagem. Em uma de suas lendas, ela se apresenta como uma divindade que se transforma em Búfalo e foge para a mata; suas filhas são igualmente guerreiras, não têm medo da luta diária, porém há tendência de apresentar um temperamento intempestivo, explosivo.

O Buquê

NANÃ BURUQUÊ – É a anciã, a mãe de Obaluaê. Na Umbanda é tratada carinhosamente por vovó. É um Orixá muito antigo e rigoroso em seus cultos, limitando muitas coisas na hora de sua iniciação no culto do Candomblé. Porém, é a sábia, aquela que traz muitos fundamentos, um pouco perdidos hoje. Do mesmo modo que seu filho na Umbanda, ela representa a linha das almas.

Os Chakras

Neste capítulo, queremos transmitir as informações básicas mais importantes sobre o funcionamento dos chakras. A compreensão teórica desses inter-relacionamentos representa a base a qual a ciência prática estrutura os chakras descritos aqui.

Os escritos antigos mencionam 88.000 chakras. Isso significa que no corpo humano quase não existe um ponto que não seja um órgão sensível para a recepção, transformação e transmissão de energias. A maior parte desses chakras, todavia, é muito pequena e desempenha um papel secundário no sistema. Existem cerca de quarenta chakras complementares, aos quais é atribuído um significado maior. Desses, os mais importantes situam-se na região do baço, na nuca, na palma das mãos e na sola dos pés. Os sete chakras principais, que se encontram ao longo de um eixo vertical, na parte dianteira do tronco, são decisivos para o funcionamento das regiões fundamentais e mais importantes do corpo, da mente e da alma do homem. Por meio dessa leitura você poderá verificar quais os aspectos da mente e da alma que estão unidos a cada chakra, e quais regiões do corpo estão sob a sua influência, e como bloqueios se expressam em cada chakra e muito mais.

Queremos primeiramente descrever aqui as características comuns aos sete chakras. Seu lugar verdadeiro é no corpo etérico do homem. Os chakras assemelham-se a cálices de flores afunilados, com uma quantidade diferente de pétalas. Por esse motivo, no Oriente, também são chamados de Flores de Lótus.

A subdivisão das flores em pétalas individuais é representada pelos nádis ou canais de energia, por meio dos quais as energias penetram nos chakras, de onde são conduzidas aos corpos mais sutis. Sua quantidade varia de quatro canais, no chakra raiz, até quase 1.000 canais de energia, no chakra coronal.

Os chakras estão em permanente movimento circulatório. A essa característica devem a denominação de "chakra", que em sânscrito significa "roda". O movimento circular dessas rodas faz com que a energia seja atraída para o interior dos chakras. Quando a rotação é ao contrário, a energia é irradiada pelos chakras.

Primeiro Chakra – Chakra Muladhara

Também conhecido como Chakra Básico ou Raiz
Cor: o primeiro chakra, quando ativo, tem a cor vermelho fogo
Elemento Correspondente: terra
Função dos Sentidos: olfato
Símbolo: lótus de 4 folhas
Princípio Básico: vontade física para ser (como polo oposto à vontade espiritual para ser, do sétimo chakra)
Correlações Físicas: tudo o que é duro, como a coluna vertebral, os ossos, os dentes, as unhas e o ânus, o reto, o intestino grosso, a próstata, o sangue e a construção celular
Glândulas Correspondentes: suprarrenais. As suprarrenais produzem adrenalina e a noradrenalina que, através do controle da distribuição do sangue, têm a função de prover a circulação com o respectivamente necessário. Desse modo, o corpo fica pronto para a ação, podendo reagir de imediato às exigências que lhe são feitas. Além disso, as suprarrenais têm influência dominante sobre o equilíbrio da temperatura do corpo

Correlações Astrológicas:
Áries/Marte: início, energia vital primitiva, força de vontade, agressividade
Touro/Vênus: ligação com a Terra, estabilidade, propriedade, sensualidade
Escorpião/Plutão: repressão inconsciente, força sexual, transformação e renovação
Capricórnio/Saturno: estrutura, firmeza.

No Ayurveda também o Sol, como fonte de vida original, é relacionado com o chakra da raiz

Segundo Chakra – Chakra Svadhisthana

Também conhecido como Chakra Umbilical
Cor: laranja
Elemento Correspondente: água
Função dos Sentidos: paladar
Símbolo: lótus de 6 folhas
Princípio Básico: reprodução criativa do ser
Correlações Físicas: quadris, órgãos de reprodução, rins, bexiga, tudo o que é líquido, como o sangue, a linfa, os sucos digestivos, o esperma
Glândulas Correspondentes: glândulas sexuais – ovários, próstata, testículos. A função das glândulas sexuais é o desenvolvimento das características sexuais masculinas e femininas, bem como a regulagem do ciclo feminino

Correlações Astrológicas:

Câncer/Lua: riqueza de sentimentos, receptividade, fertilidade.
Touro e Libra/Vênus: dedicação, relacionamentos de parceria, sensualidade, senso artístico.

Escorpião/Plutão: desejo sexual, transformação da personalidade através de abandono do Eu no relacionamento sexual

> *Nota: Em alguns textos, é indicado o chakra do baço como sendo o segundo. Trata-se, contudo, de um importante chakra secundário que, em sua função, está ligado ao terceiro chakra. Essa alteração do sistema primitivo tem origem na negação da sexualidade em algumas escolas esotéricas. Posteriormente, ocorreram combinações dos sistemas, de modo que atualmente a esfera da sexualidade é, com frequência, relacionada com o chakra do baço e também com o chakra base.*

Terceiro Chakra – Chakra Manipura

Também conhecido como Chakra do Plexo Solar
Elemento Correspondente: fogo
Função dos Sentidos: visão
Símbolo: lótus de 10 folhas
Princípio Básico: constituição do ser
Correlações Físicas: Parte inferior das costas, cavidade abdominal, sistema digestivo, estômago, fígado, baço, vesícula biliar, sistema nervoso vegetativo.
Glândula Correspondente: pâncreas. O pâncreas desempenha um papel importante na transformação e digestão dos alimentos. Produz o hormônio insulina, de significado decisivo no equilíbrio do açúcar no sangue e na transformação dos hidratos de carbono. As enzimas isoladas pelo pâncreas são importantes para a assimilação das gorduras e proteínas

Correlações Astrológicas:

Leão/Sol: calor, força, plenitude, empenho por reconhecimento, poder e status

Sagitário/Júpiter: afirmação das experiências da vida, crescimento e expansão, síntese, sabedoria, integridade
Gêmeos e Virgem/Mercúrio: decifração, análise, adaptação, serviço filantrópico
Áries/Marte: energia, atividade, disposição para negociar, imposição da própria personalidade

Quarto Chakra – Chakra Anahata

Também conhecido como Chakra do Coração ou do Centro do Coração
Cores: verde, também rosa e dourado
Elemento Correspondente: ar
Função dos Sentidos: tato
Símbolo: lótus 12 folhas
Princípio Básico: abnegação do ser
Correlações Físicas: coração, parte superior das costas, junto com o peito e a cavidade torácica; a área inferior dos pulmões, o sangue e a circulação sanguínea, a pele
Glândula Correspondente: timo. O timo regula o crescimento e dirige o sistema linfático. Além disso, tem a tarefa de estimular e de fortalecer o sistema imunológico

Correlações Astrológicas:

Leão/Sol: Ardor, cordialidade, generosidade
Touro e Libra/Vênus: contato, amor, empenho em estabelecer a harmonia
Capricórnio/Saturno: superação do ego individual, o que possibilita o amor incondicional

Quinto Chakra – Chakra Vishuddha

Também conhecido como Chakra da Laringe, Chakra da Garganta ou Centro da Comunicação
Cores: azul-claro, também o prateado e o azul-esverdeado
Elemento Correspondente: éter
Função dos Sentidos: audição
Símbolo: lótus de 16 folhas
Princípio Básico: ressonância do ser
Correlações Físicas: região da garganta, da nuca e do queixo; ouvidos, órgãos da fonação (voz), traqueia, brônquios, região pulmonar superior, esôfago, braços
Glândulas Correspondentes: Tireoide. A tireoide desempenha um papel importante no crescimento do esqueleto e dos órgãos internos, cuida do equilíbrio entre o crescimento físico e o mental e regula o metabolismo e, com isso, o modo e a velocidade com que transformamos nossos alimentos em energia, e a maneira de usá-la. Além disso, regula o metabolismo do iodo, bem como o nível de cálcio no sangue e nos tecidos

Correlações Astrológicas:

Gêmeos e Virgem/Mercúrio: comunicação, intercâmbio de conhecimento e de experiências
Áries/Marte: autoexpressão ativa
Touro e Libra/Vênus: percepção do espaço e da forma
Aquário/Urano: inspiração divina, transmissão de sabedoria e compreensão superior; independência

Sexto Chakra – Chakra Ajna

Também conhecido como Chakra Frontal. Chamado também de Terceiro Olho, Olho da Sabedoria, Olho Interior ou Chakra do Comando
Cores: índigo; também o amarelo e o violeta
Função dos Sentidos: todos os sentidos, também a percepção extrassensorial
Símbolo: lótus de 96 folhas. (Duas vezes 48 folhas)
Princípio Básico: autoconhecimento
Correlações Físicas: rosto, olhos, ouvidos, nariz, cavidades adjacentes, cerebelo e sistema nervoso central
Glândula Correspondente: hipófise. A hipófise por vezes chamada de "Glândula Mestra", pois dirige, através da sua atividade secretória interna, a função das demais glândulas. Como um maestro, estabelece um toque harmonioso e o funcionamento de todas as outras glândulas

Correlações Astrológicas:

Gêmeos e Virgem/Mercúrio: Compreensão intelectual, pensamento racional;
Sagitário/Júpiter: Pensamento integralizado, compreensão de relacionamentos internos;
Aquário/Urano: Pensamento divinamente inspirado, compreensão superior, reconhecimentos súbitos
Peixes/Netuno: imaginação, intuição, acesso a verdades interiores através da persistência

Sétimo Chakra – Chakra Sahasrara

Também chamado de Chakra Coronário. Denominado também de Centro do Vórtice ou Lótus de Mil Folhas
Cores: violeta; também o branco e o dourado
Símbolo: lótus de mil folhas
Princípio Básico: ser puro
Correlações Físicas: cérebro
Glândula Correspondente: pineal (hipófise). As influências da hipófise ainda não foram esclarecidas cientificamente. É bastante provável que atue sobre o organismo como um todo. Na falha dessa glândula ocorre uma puberdade prematura

Correlações Astrológicas:

Capricórnio/Saturno: Visão interior, concentração no essencial, penetração da matéria com a luz divina
Peixes/Netuno: dissolução de limites, abnegação, unidade

Chakras mandalas de vitalidade e poder
– *Shalila Sharamon/Bodo J. Baginski.*

Definição Xamânica dos Animais das Cartas Ciganas

No Xamanismo existe respeito muito grande à maestria trazida pelos animais de poder. Temos no Baralho Cigano a simbologia interpretada por alguns animais, porém deixo aqui uma visão terapêutica e xamânica de tais animais que podem nos trazer grandes mensagens de aprendizado com sua natureza e suas habilidades, podendo-se assim usar o lado positivo também dos animais para expandir a interpretação na hora de jogar.

A COBRA – Sua medicina está ligada à transmutação e à troca de pele, processo pelo qual passamos sempre que mudamos de ciclo. Tem associação com a cura e a sexualidade. Também está ligada à energia psíquica, à alquimia, à reprodução e à imortalidade. Regeneração, sabedoria, sensualidade, cura e psiquismo.

OS PÁSSAROS – Com definição mais abrangente, poderíamos associar a medicina dos pássaros à Liberdade, ao rumo que se pretende dar e à cumplicidade de saber voar junto. Pureza e leveza de conduzir a vida de forma mais suave, aproveitando cada voo e cada direção que a vida nos dá.

A RAPOSA – Silenciosa e muito minuciosa, ela rastreia os caminhos da cura física externa. Sua sensibilidade e medicina envolvem adaptabilidade, astúcia, observação, inteligência e rapidez nos pensamentos e ações. Podendo incluir nessa interpretação também o poder de decidir rapidamente e de ter o pé no chão no mundo dos vivos. A Raposa também nos ensina a arte da unidade através de sua compreensão, de camuflagem. Ninguém pode adivinhar o poder astuto atrás de tais manobras engenhosas. Habilidade, esperteza, camuflagem, observação, integração, astúcia.

O URSO – Para digerir suas experiências o Urso hiberna. Ele está conectado com a Mãe Terra despertando assim o poder da sensibilidade e da intuição; por meio de introspecção intensa tem todas as respostas que precisa para seus questionamentos, podendo assim através do silêncio se redescobrir, e na primavera da alma renascer, quando tudo brota novamente. Introspecção, intuição, cura física, consciência, ensinamentos, curiosidade, proteção, sabedoria e silêncio são suas medicinas.

A CEGONHA – Sua medicina está relacionada à maternidade, às inovações e novidades. Pode também sugerir um momento de autoavaliação e resgate da autoestima.

O CACHORRO – Sua compreensão dos defeitos humanos o faz ser um animal que expressa fidelidade até nas avaliações que envolvem os defeitos, pois sua habilidade é compreender. Na verdade, existe um espírito tolerante habitando no coração de cada canino que requer somente estar de serviço. Lealdade, habilidade para amar incondicionalmente.

O RATO – Sua medicina é poderosa para se ter nos dias modernos. Detalhes que podem passar despercebidas para algumas pessoas, podem ter importância enorme para o rato. Pessoas detalhistas e observadoras podem estar associadas à medicina dele. São fixados em metodologia. Versatilidade, alerta, introspecção, percepção, satisfação, aceitação.

OS PEIXES – Estão ligados à prosperidade, à vida e à cura. Sua medicina pode nos apontar para nossas reais riquezas. Também estão relacionados à nossa ancestralidade.

Ervas e seus Encantos

Nossa natureza sábia nos presenteou com sua força também através das ervas. Devemos profundo respeito a essas fontes de energia que têm sua vida dedicada a nos servir, como seres encantados que possuem um poder incrível, e por isso são dignos de nosso respeito.

Agradecer sempre que for usar uma erva, pois sua seiva é seu sangue, e muitas vezes usamos sem nem ter consciência de que ali uma energia viva está presente. Uma oração, um agradecimento é uma forma de demonstrar gratidão, lembrando que fazemos parte de uma energia sistêmica. Estamos todos interligados, e as ervas também fazem parte desse nosso universo que deve permanecer em harmonia.

ACÁCIA: Suas flores são usadas em rituais para atrair a energia do amor. Seus galhos podem ser colocados debaixo do travesseiro, protegendo o sono e o espírito durante a noite.

ACÁCIA JUREMA: Erva misteriosa e sagrada, conhecida como "Planta dos bons negócios", indicada para se ter na entrada do comércio. Na forma de banho, pode ser associada à manjericão e Alecrim para equilibrar energia.

ALECRIM: Seu chá é usado para combater fadiga mental e processos depressivos, é estimulante cerebral e sua função fitoenergética resgata a alegria e traz boas energias ao ambiente. Aliados espirituais. É um atrativo também de energias boas e de prosperidade.

ALFAZEMA: Limpa e purifica o ambiente, aproxima a energia do perdão, pois retira os miasmas astrais que nos impedem de seguir. Como é calmante, equilibra a energia causada pelo estresse e pela agitação do dia a dia. Indicada para auxiliar no tratamento de insônia, ansiedade e irritabilidade.

ANIS-ESTRELADO: Acrescentado ao defumador abre caminho, ajuda a dissolver energias que bloqueiam a passagem do fluxo energético positivo, prosperidade e bem-estar.

ARRUDA: Utilizada contra olho grande, energias negativas, protege o ambiente de pessoas carregadas. Dizem que na Roma antiga, mulheres andavam com um galho de arruda nas mãos para afastar feitiços.

ARTEMÍSIA: Seu banho é relaxante e auxilia em tratamentos de coluna ou dores articulares. Excelente para tratamento gastrointestinal, febre e irregularidades de ciclos menstruais. Por ter ação cicatrizante sua função fitoenergética auxilia em desprendimentos de sentimentos tóxicos antigos.

BENJOIN: Conhecido por "Balsamo de Monge" era usado em civilizações antigas (Indianas, Tibetanas, Povos Árabes) circulando assim por toda Ásia até chegar à Europa. Por ter uma resina que queima por longo tempo é muito utilizada e tem por função nos aproximar do sagrado, do nosso "Eu" interior. Indicado para afastar energias negativas que impedem nossa concentração e atuação dos nossos mentores espirituais.

CANA-DE-AÇÚCAR: Seu bagaço ou palha é excelente para ser usado como defumador, limpa e purifica o ambiente de energias de obsessões e energias negativas.

CAMOMILA: Seu efeito é calmante e auxilia muito em processos de irritação da pele, usada como compressas e com efeito sedativo. Como chá, sua função é acalmar o sistema nervoso central. É a flor indicada para controlar personalidades explosivas.

ERVA-CIDREIRA: Melhora a qualidade do sono, alivia dores de cabeça, auxilia em distúrbios digestivos, alivia dores provocadas por gases, promove calma e tranquilidade. Dissipa a energia condensada da irritabilidade que muitas vezes perturba o sono.

ERVA-DOCE: Quando utilizada em defumador, junto ao Louro e semente de Girassol atrai bons fluídos para prosperidade e harmonia. Como chá tem sua função antiespasmódica auxiliando na liberação de gases; acalma o sistema nervoso central trazendo a sensação de bem-estar.

SÂNDALO: Purifica o ambiente, excelente para momentos de meditação e orações, pois aumenta a frequência energética do ambiente. Sua finalidade é atrair o nosso pensamento positivo mais leve.

Aprendendo a Lidar com as Essências

Memória Olfativa

Memória Olfativa: Quem nunca fechou os olhos e sentiu o cheiro do bolo daquela tia? O perfume da vovó? Ou mesmo o cheirinho de um dia chuvoso? Pois é aí que mora o poder das essências.

Somos pegos constantemente com o prazer ou desprazer de perceber uma sensação através do nosso olfato.

A memória olfativa nos auxilia muito durante um tratamento que envolve aromaterapia, pois através da necessidade de desbloquear as emoções, podemos diluir dores, tristezas, mágoas e sentimentos que nem temos consciência, usando o poder das essências.

LAVANDA: Sabe aquele rancor? Aquele que dói a alma? Essa poderosa essência nos ajuda a diluir esses sentimentos antigos que fazem com que a sensação seja de dor na alma. Calmante e muito usada em tratamentos que envolvem o "Perdão".

ALECRIM: Com suas várias propriedades, é um poderoso aliado do equilíbrio das emoções. Também ajuda a clarear a mente e a estimular funções cerebrais. Por isso, é indicado em casos de excesso de fadiga mental ou pensamentos irritáveis, uma vez que ajuda a esfriar e a equilibrar os padrões mentais.

BERGAMOTA: Existem momentos em que os problemas, as responsabilidades nos entristecem ou nos deixam apáticos. Essa é a hora de procurar a essência da alegria, da expansão de sentimentos bons. A Bergamota nos socorre nos momentos que precisamos resgatar nossa criança interior.

CAMOMILA: Suaviza as frustrações e explosões de raiva que podem ser acumuladas por estresse. Acalma, tranquiliza e diminui a irritabilidade.

HORTELÃ-PIMENTA: Excelente no auxílio de desbloqueio de ressentimentos sufocados. Não se trata de uma essência calmante, mas sim estimulante das funções cerebrais.

Algumas misturas mágicas:

MENTA COM LARANJA: Clareia ideias e pensamentos.

PATCHULI COM LAVANDA: Traz alegria e melhora o humor.

YLANG-YLANG COM LARANJA: Estimula a autoestima, aumenta o poder criativo e potencializa a magia pessoal.

YLANG-YLANG COM LIMÃO: Resgata a sensação de liberdade para pessoas que estejam se sentindo oprimidas.

PATCHULI COM GERÂNIO: Para ter mais objetividade mental, clarear as metas.

GERÂNIO COM LAVANDA: Para tratamento de casos de depressão.

MANJERONA COM LAVANDA: Auxilia no controle das emoções mais intensas e combate desgastes físicos.

CAMOMILA COM MENTA: Ajuda a superar fases de conflitos internos, aliviando a tensão física e mental.

Consagração do seu Baralho

A consagração é algo muito pessoal, pois o Oráculo será seu aliado, tendo assim sua energia. Quando consagramos algo, o tornamos sagrado diante de nossa fé, o que significa divinizá-lo.

Deixarei aqui um exemplo de consagração, porém é válido respeitar a intuição considerando que estamos falando de um oráculo que representará a percepção individual de quem o lê.

Material usado

- Um lenço *(será usado para cobrir a mesa durante a consulta)*
- Incenso
- Vela de 7 dias colorida
- Uma taça
- Um cristal de Quartzo branco ou Ametista
- Um vaso com flores

Modo de fazer a consagração:

Em uma noite de lua cheia, forre com o seu lenço uma mesa ou altar, coloque em cada ponta do lenço a taça com água, o cristal, o incenso e a vela de 7 dias colorida. No meio da mesa faça um círculo com as cartas, e deixe um espaço no centro para ser colocado o vaso com as flores. Com a mesa devidamente montada começamos a consagração:

Olhando para lua caso tenha como avistá-la, caso não; imagine-a.

E repita alto:

"Grande lua mãe, que ilumina esse céu que me encanta, te peço proteção e benção. Eu (....) te apresento no dia de hoje, o meu baralho, para que ele seja abençoado e iluminado por ti e assim eu consiga ter minha visão clara para saber interpretar as mensagens que ele me trouxer. Peço licença e proteção ao elemento Água, para que eu tenha sabedoria emocional para lidar com os questionamentos e não me envolva ou absorva aquilo que não for meu. Peço licença e proteção ao elemento Terra, para que eu tenha segurança e força para conduzir meu trabalho com esse oráculo; peço que eu consiga harmonizar e transmutar caso precise da energia que possa chegar. Peço licença e proteção ao elemento Ar, para que não me falte sabedoria para aprender e ensinar com os símbolos interpretados no meu oráculo. Peço licença e proteção ao elemento Fogo que possa iluminar e proteger a mim e a todos que precisarem de alguma forma da minha orientação com meu baralho. Entrego também a ti, fogo sagrado, toda e qualquer interferência negativa que possa confundir minha mente.

Que no dia de hoje sob a luz da lua cheia e com a licença e proteção dos quatro elementos eu (...) consagro o meu baralho e agradeço a egrégora cigana que representa a força deste oráculo."

Nesse momento passar um perfume ou essência de sua preferência nas mãos e levemente passar nas cartas sem desarrumá-las. Deixar essa arrumação por 7 dias. Assim que a vela apagar, pode ser retirado o baralho e guardado em um saco de pano ou em uma caixinha de madeira.

Lembrando que estamos diante de um quebra-cabeça que nos ajudará a orientar e também sermos orientados, então, o carinho e o respeito que devemos ter é grande. Somos guiados por uma força maior que rege o universo, e o futuro é apenas uma reprodução de atitudes certas ou erradas. Não podemos colocar jamais a responsabilidade no oráculo de conduzir a atitude e a decisão de alguém, deixando isso sempre bem claro.

Formas de Proteção

Durante a consulta é possível que haja uma troca energética entre o consulente e o oraculador. Algumas formas podem neutralizar essa troca:

- Colocar debaixo da mesa de consulta um copo de vidro com uma pedra de carvão, um punhado de sal grosso.
- Colocar em um borrifador: água, cânfora em pó, essência de alecrim, 3 pedras de sal grosso.
- Colocar em um copo com água: uma pedra de carvão, uma pedra de cânfora, 3 pedras de sal grosso.
- Ter um ramo de Alecrim na mesa de jogo.
- Orar sempre antes de começar um jogo, pedindo proteção e licença ao campo energético do consulente.

Oração para o Início

O importante para iniciar uma consulta é o respeito à espiritualidade e ao caminho de quem busca um conselho.

A oração deve vir de dentro do coração sempre iniciando com um pedido de licença aos aliados espirituais de (...) e permissão para entrar no campo energético do consulente.

Essa oração é muito pessoal, pois cada um tem sua forma de se comunicar com sua espiritualidade. Aconselho que seja um momento de silêncio e concentração, se possível a conexão pode ser feita com incenso durante a oração.

Métodos de jogo

Método Mesa Real

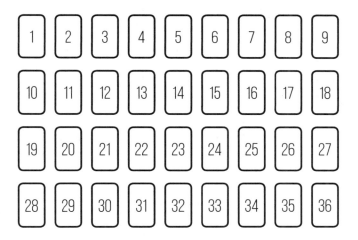

Neste método usamos as 36 cartas do Baralho Cigano, iniciando a interpretação da primeira carta fazendo dupla com a última (ex: virar a de número 1 com a de número 36 e a 02 com a 35 e seguir essa sequência até virarmos todas as cartas).

Neste método é essencial que seja feita a interpretação de duas cartas juntas, lembrando que como temos muitas informações envolvidas em uma única lâmina (a carta) devemos focar na primeira inspiração que vem sobre nossa consulta.

Devemos interpretar todas, até finalizar com todas as cartas viradas para cima.

Método Péladin

	3 Pensamento/ Mensagem do espiritual	
1 Aspecto positivo	5 Síntese	2 Aspécto negativo
	4 Resultado final	

Epílogo

Aqui terminamos nosso Caminho com as Cartas Ciganas. Esse livro trouxe um pouquinho de como eu me inspiro com esse universo de interpretar símbolos. Agradeço muito ao Grande Espírito por ter encontrado essa forma de aprender ouvindo e aconselhando. Quando estamos diante do caminho de outra pessoa, que espera uma orientação nossa, ali percebemos o quanto também aprendemos com as dúvidas alheias. Não criar expectativas no outro, não tentar adivinhar o futuro, não brincar de ser Deus, essas são algumas das regras necessárias para se ter desenvolvimento com as Cartas Ciganas.

Meu agradecimento do fundo da minha alma ao Povo Cigano, em especial a essa aliada tão querida chama Samira, que se apresentou tão cedo na minha vida e se tornou muito importante no meu desenvolvimento como ser humano. Que o Grande Espírito e a Grande Mãe acompanhem a jornada individual daqueles que buscam sua evolução através das Cartas Ciganas, pois teremos sempre a proteção que vem do céu e a força que vem da terra como nossa luz primordial.

Respeitem sua intuição durante cada consulta, mas nunca se esqueçam que devemos seguir também a interpretação das cartas.

Felicidade a todos

Carla Sindhara Mayõ íhe.

Biografia da autora

Carla Gama Sindhara recebeu o nome de Mayõ Íhe, após ter sido batizada na Aldeia Velha – Arraial d'Ajuda em Porto Seguro, pela Etnia Pataxó. Pesquisadora e estudiosa da cultura indígena e afro-brasileira.

Atua como Terapeuta Holística há mais de 25 anos e agrega ao trabalho desenvolvido diversas técnicas holísticas.

Também é formada em Parapsicologia pelo Instituto de Parapsicologia Pedro Medeiros no Rio de Janeiro.

Carla Gama Sindhara também possui o título de Mestre em Reiki Xamânico Angatú, formada pelo Mestre Cléber Dias. É Terapeuta Sistêmica de Constelação Familiar formada pela professora Celma Villa Verde. Terapeuta Floral com formação pelo Instituto de Terapia Flor de Lótus e Aromaterapeuta formada pelo Instituto Bella Arome.

Taróloga há mais de 25 anos, criou o sistema de Arcanoterapia, que auxilia no aprendizado, através do tarô, a superar dificuldades e bloqueios.

Trabalha com: Terapia Xamânica-Cura Nativa; Reiki Xamânico Angatú; Terapia Sistêmica de Constelação Familiar e Tratamentos com ervas indígenas.

Coordena trabalhos de resgate do poder feminino e empoderamento feminino, tanto de forma individual quanto no círculo de mulheres, denominado Yamani Sagradas Curadoras. Este resgate tem por finalidade promover o reencontro das raízes ancestrais e entrar em conexão com a natureza sagrada, aprendendo sobre as ervas, ciclo lunar e acerca do equilíbrio da energia por meio da conexão com a natureza, com cantos e danças sagradas.

Site: www.carlasindhara.com
E-mail: carlasindhara@hotmail.com
Instagram: @carlasindhara
Facebook: Carla Sindhara Terapia Alternativa
Telefones: 21 9929-13667 / 21 97983-9504

Referência Bibliográfica

SANTAMARIA, José Murilo N. *Ajuda-te pela magia.*

SAMS, Jamies; CARSON, David. *Cartas xamânicas.*

RUDANA, Sibyla. *Segredo das cartas ciganas.*

PRICE, Shirley. *Aromaterapia e as emoções.*

DAMIAN, Peter. *A astrologia e os remédios florais do dr. Bach.*

HODSON, Geoffrey. *O reino dos deuses.*

SHARAMOM, Shalila; BAGINSKI, Bodo J. *Chakras – mandalas de vitalidade e poder.*

Conheça outros Tarôs da Editora Isis

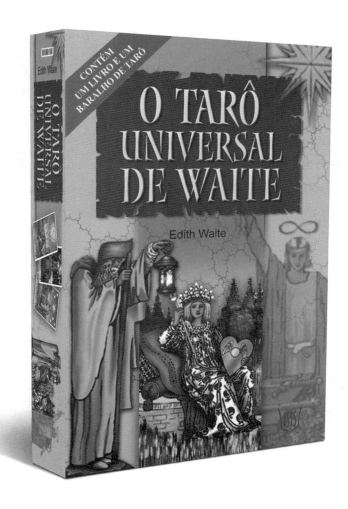

Conheça outros Tarôs da Editora Isis

Conheça outros Tarôs da Editora Isis

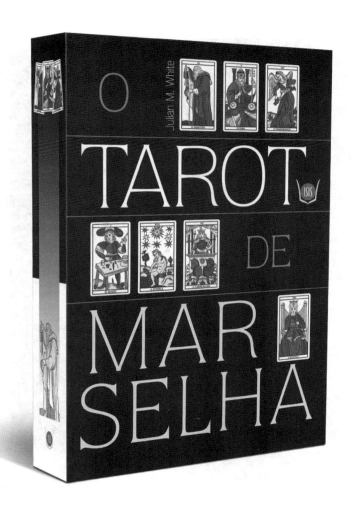

Conheça outros Tarôs da Editora Isis

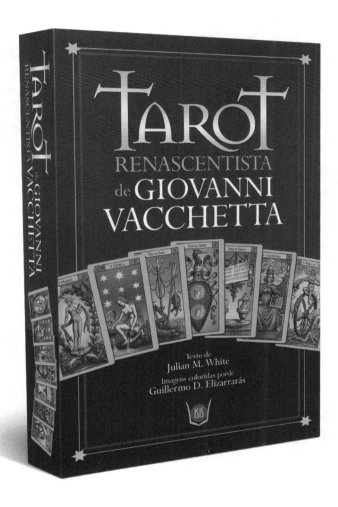

Conheça outros Tarôs da Editora Isis

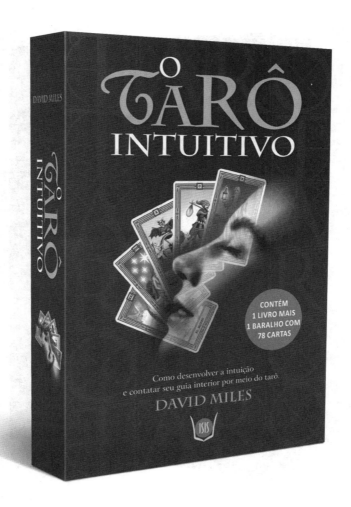